U0164263

彌陀的呼喚

「智理文化」系列宗旨

「智理」明言

中華智慧對現代的人類精神生活，漸漸已失去影響力。現代人，大多是信仰科學而成為無視中華智慧者，所以才沒有辦法正視中華智慧的本質，這也正正是現代人空虛、不安，以及心智貧乏的根源。

有見及此，我們希望透過建立「智理文化」系列，從而在「讓中華智慧恢復、積極改造人性」這使命的最基礎部分作出貢獻：「智理文化」系列必會以正智、真理的立場，深入中華智慧的各個領域，為現代人提供不可不讀的好書、中華智慧典範的著作。這樣才有辦法推動人類的進步。我們所出版的書籍，必定都是嚴謹、粹實、繼承中華智慧的作品；絕不是一時嘩眾取寵的流行性作品。

何以名為「智理文化」？

佛家說：「無漏之正『智』，能契合於所緣之真『理』，謂之證。」這正正道出中華智慧是一種「提升人類之心智以契合於真理」的實證活動。唯有實證了「以心智契合於真理」，方能顯示人的生活實能超越一己的封限而具有無限擴展延伸的意義。這種能指向無限的特質，便是中華智慧真正的價值所在。

至於「文化」二字，乃是「人文化成」一語的縮寫。《周易・賁卦・象傳》說：「剛柔交錯，天文也；文明以止，人文也。觀乎天文，以察時變，觀乎人『文』，以『化』成天下。」可見人之為人，其要旨皆在「文」、「化」二字。

《易傳》說：「文不當故，吉凶生焉！」天下國家，以文成其治。所以，「智理文化」絕對不出版與「智」、「理」、「文」、「化」無關痛癢的書籍，更不出版有害於人類，悖乎「心智契合於真理」本旨的書籍。

由於我們出版經驗之不足，唯有希望在實踐中，能夠不斷地累積行動智慧。更加希望社會各界的朋友，能夠給我們支持，多提寶貴意見。最重要的是，我們衷心期待與各界朋友能夠有不同形式的合作與互動。

「智理文化」編委會

彌陀的呼喚

您對「他力念佛」認識有多少？

序

「信心決定」前都是自力念佛、
「平生業成」後皆為他力念佛！

「他力念佛」的秘密，全在於「信心決定、平生業成」這八個字。「信心決定、平生業成」就是身心都與阿彌陀佛成為了一體，並肩同行。親鸞聖人說：「興起念佛之心時，我們已經得救了。」是得到了阿彌陀佛的拯救，故說「信心決定、平生業成」。所以真正的「他力念佛」，是一種感恩的念佛；念佛不是「請祢（阿彌陀佛）救我」，而是「感謝祢（阿彌陀佛）救我」。所以說「他力念佛」是一種結果，因為念佛之於行者，既非為了往生而作的修行，也不是為了往生而作的甚麼善行。能夠現世就活在慶喜獲得了阿彌陀佛絕對的無量光明和無量壽命當中，而在娑婆世界緣盡的時候亦能任運往生極樂世界迅速成佛，所以「他力念佛」又名「二益法門」。只可惜環顧周遭，幾乎見不到一個有把握「信心決定、平生業成」的「他力念佛」人！

佛陀早已看清楚了我們凡夫不是靠自己的力量念佛而往生淨土，所以在快將要入涅槃的時刻，做了這個最後的說法，

希望帶領我們獲得阿彌陀佛所賜之「他力信心」。親鸞聖人說：「相信依賴阿彌陀佛不可思議之本願，可得救往生，而念佛之心生起時，即已獲攝取不捨之利益。」只可惜今天的念佛人，都因為不信「彌陀本願力」不可思議，便夾雜著自己意謀，生起「執著於己意之自力念佛」。這些人雖然迷途了，若能經由正確的認識「他力念佛」、「彌陀本願力」、以及「信心決定、平生業成」之不可思議，便都可以丟棄錯誤的「執著於己意之自力念佛」想法。好比我們誤把繩索看成蛇，因此感到害怕。但其實我們之所以害怕是由於錯覺，因為根本就沒有蛇。蛇既是自己的錯覺，只要獲得正確的認知，即能擺脫恐懼，獲得平安。

佛陀在自己快將入涅槃的這個最後的說法中，實實在在地告訴我們，若要往生極樂世界，根本無須做多餘的自力念佛，甚至無須做任何多餘的準備。對！甚麼也不必做。只要「聞（彌陀本願力）已思惟，若一日夜，或二、或三、或四、或五、或六、或七，繫念不亂（信心決定、平生業成）」便是了。換言之，只要擺脫錯誤的「執著於己意之自力念佛」想法即是。所謂「繫念不亂」者，就是擺脫錯誤的想法，獲取「信心決定、平生業成」的知見，身心都與阿彌陀佛成為了一體並肩同行的意思；發自內心真誠的思惟繫念，只需一天，或三、五、七天，便可獲得阿彌陀佛所賜之「他力信心」，真正再無任何疑心。我們既成為獲得阿彌陀佛所賜之他力信心之人，自然便不用再執住甚麼「希望」往生與「期待」於極樂淨土成佛了，同時亦會放棄了甚麼「平日之心不得往生」之恐懼，把一切任由阿彌陀佛安排。這就是親鸞聖人所

說，我們一生只有一次，對往生極樂淨土信心決定的「唯有一度迴心」了！由此我們便能免於恐懼或不安全感，我們在活著的時候也可以感受到往生極樂淨土那份全然的自在。自然而然我們會感到平安快樂，不必等到死後往生了淨土才平安快樂，對嗎？對！

《大無量壽經》云：「諸有眾生聞其名號，信心歡喜乃至一念，至心迴向願生彼國，即得往生住不退轉。」一切得聞阿彌陀佛名號的眾生，僅只一念信心歡喜，自然生起感恩心故願生彼國，藉以迴向阿彌陀佛，其實即時已得到阿彌陀佛的救度，現世就活在阿彌陀佛無量光明和無量壽命當中，而在娑婆世界緣盡的時候亦能任運往生極樂世界迅速成佛，故在生平之時就能得大安心、大滿足的絕對幸福，住不退轉！我們會充實的活，從此刻，直到最後一刻，都免於恐懼或不安感，過著「信心決定、平生業成」的幸福與滿足生活！便縱面對煩惱事，都能夠「常念佛恩深重，念佛心口自開」，因為「他力念佛」唯是感恩的念佛，故自然地會把一切任由阿彌陀佛安排，做到充滿感恩地安心直接進入煩惱，並讓自己在這煩惱當下如實自在了。這就是「信心決定、平生業成」之「他力念佛」者的生活秘密：於「他力念佛」中讓煩惱變成為「身心都與阿彌陀佛成為了一體並肩同行」的幸福與滿足之生活！

沒有「夾雜著自己意謀之自力念佛」、無須修練甚麼「自力法門」、更無須從事困難的觀想。尤其是「執著於己意之自力念佛」，如果不能改變行者在念佛當中的自己意謀，念佛

最終都不過是「信心決定、平生業成」的障礙而已！唯有透過深刻的理解「彌陀本願力」的救度、以及阿彌陀佛「他力念佛」之不可思議，才會真真正正捨棄錯誤的「執著於己意之自力念佛」之路，邁向眼界提升，成為「信心決定、平生業成」之人。

本書雖不能說是一本大書，但內容卻非常豐富。親鸞聖人之「他力念佛」獨幟一方！藉《歎異鈔》所肯定的每一個人都能「信心決定、平生業成」的思想，以及《阿彌陀經》與《稱讚淨土佛攝受經》合參，能教任何人都體悟「彌陀本願力」、「他力念佛」之秘奧與真精神，能最快獲得「信心決定、平生業成」，對往生極樂淨土迅速成佛再無疑心，自然能夠再也不會害怕死亡。

一事一法一經一尊
張惠能博士 專訪

撰自《溫暖人間 第458期》

張惠能博士,香港大學畢業和任教,修讀電腦科學及專門研究人工智能。少年時熱愛鑽研中西文化、佛法及易理。廿多年來潛心禪觀、念佛及修密,並自2007年開始講經說法。宿緣所追,今復皈依「中國佛教真言宗光明流」徹鴻法師,體得了秘密印心之法,獲授密教大阿闍梨之秘密灌頂,感受到傳承血脈的加持,遂發心廣弘佛法,以救度眾生。

真言密教為唐代佛教主要宗派之一,是正純的密宗,非得文為貴,旨在以心傳心,故特別重視傳承。本自唐武宗之滅佛絕傳於中國,已流佈日本達千餘年,並由當代中國高僧悟光法師於一九七一年東渡日本求法,得授「傳法大阿闍黎灌頂」,得其傳承血脈,大法始而回歸中國。張惠能說,真正具備傳承大阿闍梨資格的,每個朝代應說不會多於十數人,所以每位傳法人都很重要,「因為一停下來,此久已垂絕之珍秘密法之傳承血脈就會斷,這樣令我有更大的弘法利生之使命感。」

多年前,《溫暖人間》的同事已有幸聽過張惠能博士講經,滔滔法語,辯才無礙,其後博士贈送了他當其時新著的《圓覺禪心》給我們,雜誌社從此又多了一套具份量的經書。今

9

年，因緣成熟，《溫暖人間》終於邀請到張博士為我們主持講座，題目是「佛說成佛」：成佛？會不會太遙遠？

成佛觀：找到心中的寧靜

「這就是很多人的誤解，人人也覺得自己沒可能成佛，沒可能修學好一本佛經。其實每個人也能即身成佛，只要有方法、有工具、有目標。」畢竟佛陀未成佛之前也是普通人。「什麼是佛法？佛法讓人心裏平安，心無畏懼，不會生起妄想，恐懼未來。成佛觀念的力量是很不可思議的。當你不斷想着一件事，業力就會越來越強；所以加強成佛的念頭，想像自己就是佛菩薩的化身、是觀音的化身，想像大家一起做觀音，現前就是『普門諸身』，透過念念想像，人生從此截然不同。」這幾年香港社會人心動盪，情緒難以釋放，成佛觀其實就是根本的善念，如果大家把心安住在這根本善念上，就能找到永恆的寧靜安定。

張惠能博士說，他在講座裏會介紹禪、淨、密的成佛觀，「成佛觀可以修正我們的心，只要你進入這個思想模式，你就可以感受佛陀的慈悲力量，譬如能以阿彌陀佛的四十八大願思維去經驗無量光、無量壽。因為當佛的思想有如阿彌陀佛，佛就進入極樂世界。我們稱之謂淨土宗的成佛觀，就是想你進入阿彌陀佛的無量光、無量壽世界，體驗這種不可說的力量。」

張博士講經已十年多，《六祖壇經》、《金剛經》、《楞伽經》、《阿彌陀經》、《妙法蓮花經》、《大日經》已說得透徹熟練，回想當初，他是怎樣開始弘法之路？

一事一法一經一尊

「我的人生分為四個階段，用八個字歸納：『一事、一法、一經、一尊』。佛法說生命是永遠無限生的，每個人一生都有必然要完成的目標，稱為『唯一大事』或簡稱『一事』。特別對尋道人來說，目標都很清晰，所以認識到『一事』是第一個階段。」張惠能說，童年時候他對真理已經十分嚮往，整天拿着聖經鑽研，常夢想做神父，其他小朋友打架，他會上前講道理勸和。中學特別熱愛Pure Maths和 Physics，因為是當時所有學科中「真理性」最高最玄妙的，及後考上香港大學，畢業後博士研究的項目是「人工智能」，因為可以天天研究人類思考、智慧和心靈的問題，也涉獵很多中西方哲學，包括佛法。

「當時我取得了人工智能PhD，很輕易便開始在港大任教，但對於人生目標，亦即這『一事』的追尋，卻很迷茫。雖然我讀過了很多很多有關東西方哲學、存在主義、易經，甚至各種禪門公案的書，但心靈都是得不到平安。」**當張惠能對尋找人生真理充滿絕望，極度迷失的時候，另一扇門就開了。「有天逛書店，突然看見一本叫《歎異鈔》的書，副題是『絕望的呼喚』，這幾個字正中下懷，完全反映自己當時**

的心境，這本書是我人生轉捩點的契機，讓我進入了人生的第二個階段：真正修行『一法』。」《歎異鈔》為「淨土真宗」重要經典，是日僧唯圓撰錄了親鸞聖人關於「信心念佛」的語錄，張惠能視之為「念佛最高指南」。

「這書開啟了我的信心念佛人生，一念就十多年，直至信心決定、平生業成。我因為信心念佛而得到絕對安心。所以如果沒有『一法』的真正體驗，你永遠不知其好處。其實佛法修行就好像我們去餐廳吃飯，餐廳有中西泰日韓等不同種類，也有不同級數，有快餐，也有五星級酒店中最高級的餐廳，不同人有不同喜好，這就像佛法中有八萬四千法門，不同宗派有不同的方法，好比不同的餐廳有不同的料理一樣，但大家都是同一目的：成佛。所以我們不論修任何法，都應該互相尊重，毋須比較，鹹魚青菜，各有所愛。同一道理，不論是什麼宗教流派，大家也都是在尋找真理道上的同路中人，要互相尊重而非批評比較，建立這正確態度是十分重要。」

單說不飽 實修證入

念佛法門是張惠能的「一法」。「修行是很簡單的事，好像心靈肚餓，修完之後就感到滿足舒服，輕安自在。**當你吃飽了，煩惱沒有了，你就感受到幸福，這信心念佛境界已經是往生淨土，一息一佛號已到達光明的極樂世界。對我來說，信心念佛會把悲傷和眼淚吸收，帶給我一份終極安心，煩惱都脫落。如果你念佛是越念越煩惱越恐懼未能往生淨**

土的話，就不是真正的信心念佛。禪宗叫修行為『大安心法門』，安心才可相應佛陀所說的。」

為什麼「一法」那麼重要？張惠能坦言，所有佛經都說方法，「看破放下自在大家也會說，可是說易做難，不要說人生大事，就算平常如有人用行李輾過你的腳，你已經不能放下怒火；的士司機找少了十元給你，你可能半天心不爽快了；你最親蜜的人說你是垃圾，你立即崩潰。要看破、放下真是很難，所以『一法』好重要。」

「一法」之後，人生第三個階段就是「一經」，敦煌原本《六祖壇經》是張惠能讀通了的第一本經。張惠能說單是這部經，他就看了十年，「我不斷去讀，一百次、一千次、一萬次，讀至每個文字都充滿喜悅，讀得多了，經文慢慢開花變成你的心法，從《壇經》我認識到自性的道理，幸福安心。很奇怪，之前我一直不大明白的《心經》，可是讀了《壇經》十年後，再拿《心經》來看，竟然通透領悟到什麼是『般若波羅密多』，那份喜悅不可思議。」

張惠能從「一法」中找到安心，從「一經」中認識到自性的道理，跟着有幸皈依了普陀山本德老和尚，有次他問師父：「念佛所為何事？」師父答他：「念佛無所求，念佛為眾生！」他叮一聲就印了心。「老和尚當時鼓勵我出來講經弘法，不久後我亦決定把自己的生命與弘法給合，於是2007新年後開始出道講經，第一本就是講《壇經》。」過了一年香港大學專業進修學院院長李焯芬教授邀請他在學院講經，自此，他

編寫的「禪宗三經」、「『生死自在』淨土二經」、和「禪、淨、密三經」證書課程便出現在這座高等學府了。

張惠能的弟弟修真言宗十分精進。在宿緣所追下,張惠能復皈依了中國佛教真言宗光明流徹鴻法師,更通過考證,通教了「即身成佛」義,體得了正純密教秘密印心之法,獲授密教大阿闍梨之秘密灌頂,感受到傳承血脈的加持,遂發心廣弘佛法,以救度眾生,開始了人生第四個階段:「一尊」。「真言宗最重視傳承,當你被選為傳法者,你已不再代表個人,而是代表一個法脈的傳承,我的人生就到了『一尊』階段,『一尊』就是『傳承血脈的加持』,你傳承了一千三百年三國傳燈歷代祖師的心願和力量,代表正純密教一千三百年傳承血脈的興衰,所以你的命已交給了『一尊』,會有很強使命感。」

對佛教初哥的建議

佛法是說當遇上苦與樂時,內心都同樣洋溢大安心、大無畏力量。

一開始找一個值得尊敬的老師,去學習真修實證一個具備法脈傳承的法、去好好從頭到尾讀通一部經,自己從中去體驗什麼是心靈上的飽足?如果只是不斷去跑不同的道場,聽這個又聽那個,老是shopping around不肯去定下來,最終根本不可能會有什麼得着的。所以,建議大家先修一經一法,有了堅定立場後,才好出去切磋參學。

目 錄

第一部 《歎異鈔》

第一部：
《歎異鈔》之不可思議念佛

禪淨本來一體

廣義來說，如來之一切教法，無非淨土法門。如來之一切教法，當中包括眾所周知的誦經念佛、專修禪觀、持咒修密、精研教理，乃至勤布施、修供養、受三皈、守五戒、求往生淨土成佛等，其最終目的皆在令眾生學佛之行，入佛知見，證一切佛所共證之解脫，安穩自在，得如來智慧功德，化現前世界為美麗莊嚴的淨土國度，成就凡聖同居淨土、方便有餘淨土、實報莊嚴淨土，乃至成佛，自住常寂光淨土。

同樣地，如來之一切教法，包括各種淨土法門在內，廣義來說亦無非禪法。禪法之本質無非大乘安心之法而已。作為《楞伽經》之翻譯者及東來傳揚如來清淨禪之第一人求那跋陀羅曰：「若要成佛，先學安心。」後來，達摩渡來，亦是傳此安心法而已。一切如來之一切教法，當中包括八萬四千法門之修持，凡只要是有修有證者，實在同於禪宗的安心法門。便縱是念佛求生西方極樂世界者，若能夠念到斷除煩惱，多少證得唯心淨土，此即安心也；若到了現證「信心決定，平生業成」的階位，即自住常寂光淨土，這才是真正的、究竟的淨土，是唯心淨土，則一切煩惱或不安，都

自然地消除了，此即安住法性之謂，故淨土法門實在無異禪宗的安心法門。

禪與淨乃密不可分，以禪淨本來一體故。若念佛人，能以禪宗的大乘安心法門念佛，念念安住法性，念佛當下即可通於淨土。同樣，初學修禪人，多懼起心動念，若能於行住坐臥中念念用功，念佛不絕，並依此念佛心離去起伏隱顯心之動亂，無染無著，自然密契大乘安心，即可出現身心解脫之悟境；修禪人此種念佛行，是不懼起心動念的，故是動中的功夫，能使行者於行住坐臥當中以念佛這個正念，集中於對境事物上，並專念堅持以達到究竟。

由此可見，禪與淨土其實密不可分，故我們不應因為修行法門之不同，而妄自評論禪與淨土之高下，否則便容易斷人慧命，自誤誤他。其實，只要能一門深入，將發覺門門相通，最後都無差別。

念佛之不可思議

蕅益大師在《淨土十要》中云：「《楞伽》、《密嚴》皆曰：『寧起有見如須彌，不起空見如芥子。』」「寧起有見如須彌」者，是說相信有善惡因果，心中存想憶念於佛，而往生於極樂淨國，故曰「寧起有」也；「不起空見如芥子」者，是說撥無因果，毀謗念佛、說無淨土，而生陷於阿鼻地獄之中，故云「不起空」也；相信有善惡因果，心中存想憶念於佛，至少不會因撥無因果而造重大惡業。所以，古德告誡我們，

寧取「念佛往生淨土」見如須彌山般重，都不取「無念佛、無往生、無淨土」見如芥子般輕。

狹義來說，淨土法門一般以念阿彌陀佛、求往生極樂為主要代表。《正信偈》云：「如來所以興出世，唯說彌陀本願海。五濁惡時群生海，應信如來如實言。」《大無量壽經》亦云：「如來以無盡大悲，矜哀三界，所以出興於世；光闡道教，欲拯群萌，惠以真實之利。」說出了如來之所以在這娑婆世界示現成佛，終極原因，就是為了宣說這「彌陀本願力」，來達到救度眾生的目的。故此在三界火宅、五濁惡世中受長劫煎熬的受苦眾生，只要實實在在相信如來的如實言，歸順「彌陀本願力」的救度而成就念佛功德，成為信心決定之人，對往生極樂淨土成佛已無疑心，自能領受「真實之利」了。所謂「真實之利」，就是現世利益與未來利益，是故念佛又名「二益法門」。《歎異鈔》亦云：「念佛者，無礙之一道也。」可知我們憶佛念佛，一定能夠得到大功德、大利益，過著幸福與滿足的生活，這就是現世利益。得到了這個大功德、大利益而此刻就過著絕對幸福生活的人，在娑婆緣盡的時候，亦能往生彌陀極樂世界淨土，與阿彌陀佛同體，成為一個像阿彌陀佛一樣無量壽、無量光的佛，然後自由地去實踐普度眾生的事業，這就是未來利益。所以，對於念佛這個二益法門，我們要有絕對的信心！

《歎異鈔》之不可思議念佛

雖說念佛這個二益法門的確是奇特勝妙、不可思議，可是

卻有很多念佛人，一直都還在擔心到底能不能往生極樂世界。正所謂「人人有希望，個個沒把握」，一面說一定能夠往生極樂世界，而另一面，卻又經常對阿彌陀佛疏遠，對往生極樂世界不能確定，究竟為甚麼會這樣子的呢？

《歎異鈔》提出，在念佛的態度上，有「他力」與「自力」兩種念佛。自力念佛人的念佛，是把佛安插在西方，並把自己視為冷淡卑微的凡夫；有時想到佛，就來念佛，所以佛與自己很疏遠；稍有道心時就覺得往生很近，而當不安心或念佛不勤，道心冷卻下來時，就覺得往生極不確定。然就凡夫之心而言，生起道心的時候始終是較為稀少，所以難免經常是屬於往生不定之身，所以口中雖然念佛，而事實上是經常對佛疏遠，對往生難於信賴，甚至直到臨終，往生想法還沒有確定。所以說，在念佛的態度上，這種自力念佛是往生極不確定的狀態！

相反地，他力念佛人強調彌陀第十八大願的「信心成就」之意趣。這裡所說的信心，就是彌陀第十八願的願文所誓的「至心、信樂、欲生」本願他力之三信。阿彌陀佛在四十八願之第十八大願說：「如果我成佛時，十方眾生得到我所與的至心、信樂、欲生之他力三信，而稱念佛，不論多少，乃至十念，如果不能往生我真實報土，我就不取正覺。唯仍在不信因果而造五逆惡業、及仍在說無佛而誹謗佛法等未迴心者除外。」「至心」是本願他力三信之一，就是全無虛妄的至誠心；「信樂」是本願他力三信之二，就是無疑之信、歡喜愛樂之心，「欲生」是本願他力三信之三，就是願往生

淨土之心。本願他力三信，完全是如來的真實心、智慧心、慈悲心，絕非凡夫不成佛之迷心。既然如此，我們凡夫之所以能夠生起「至心、信樂、欲生」之真實念佛心，唯是阿彌陀佛所恩賜；念佛是因為自己已經被阿彌陀佛救到淨土了，故自己成為一個真信淨土確實存在的人，所以唯是感恩而念佛，並把一切往生淨土之事任由阿彌陀佛安排就行了。這個「破無明長夜之黑暗，滿足眾生志願」的阿彌陀佛本願力，信者就能得到大安心、大滿足、絕對幸福的力量，如是者往生就會確定。法然上人曰：「信心獲得之後，從慶喜得救之心，離自力之計度，自然能稱念佛。」信心獲得之後，自然解脫從對佛疏遠的分離感所帶來的往生不確定的一切煩惱，並與普照十方的阿彌陀佛智慧的光明成為一體，從慶喜得救之心興起與一切眾生分享光明的意念而念佛，自然能稱念佛！

這就是《歎異鈔》的不可思議念佛！

念佛指南《歎異鈔》

《歎異鈔》的不可思議念佛，是極具革命性的思想，打破了以往念佛往生的常識。

其一是：一般念佛往生的傳統思想認為，我們凡夫是為了往生淨土而念佛，我們凡夫必須念佛才可往生。這樣念佛便成為了達到某種目標的手段。但是親鸞聖人卻說念佛絕不是為了達到某種目標的手段，而是結果。親鸞聖人說：「當

我們想要念佛這一瞬間我們就已得到攝取不捨的利益。興起念佛之心時，我們已經得救了。」是得到了阿彌陀佛的拯救，所以感恩，是一種感恩的念佛；念佛不是「請祢 (阿彌陀佛) 救我」，而是「感謝祢 (阿彌陀佛) 救我」。所以說念佛是一種結果，故說念佛之於行者，既非為了往生而作的修行，也不是為了往生而作的甚麼善行。

其二是：一般念佛往生的傳統思想認為，我們凡夫是念佛而後往生，即往生是死後的事，念佛的利益是來世的。但是親鸞聖人卻說，當我們想要念佛的時候，我們就已經得救了。所以，救助是現世的！

為了讓大家對不可思議念佛生起絕對信心，並能真正的自然法爾地念佛，讓我們先來一起學習這部號稱「最佳念佛指南」之《歎異鈔》。

1. 《歎異鈔》又名《歎異抄》，為淨土真宗重要聖典。《歎異鈔》今收錄於日版《大正新修大藏經》第八十三冊。

2. 《歎異鈔》全一卷，日僧唯圓撰。唯圓 (西元一二二二年－一二八九年) 是日本淨土真宗開山祖師親鸞聖人之弟子，常陸國 (今茨城縣) 河和田人，報佛寺之開山祖師。

3. 唯圓因感歎其師示寂後，淨土真宗教義分歧，故引用親鸞聖人之言，闡述「他力本願」之真意，並批判當時之佛教界，取名為《歎異鈔》。

4. 《歎異鈔》內容由十八段文字構成，分成兩大部分。第一部分，主要是親鸞聖人的語錄，記錄親鸞聖人所說淨土真宗教義要旨。第二部分，主要是敘述唯圓自己的意見，呼籲念佛同參要信心一致。

念佛的原點只有一個：相信阿彌陀佛。《歎異鈔》所主張的，正正就是要回到這個原點！

《歎異鈔》念佛行

《歎異鈔》(新譯)
親鸞聖人直弟子唯圓大師著

前序

竊迴愚案，粗勘古今，歎有異先師口傳真意，思後學有相續之疑惑，非有幸而依有緣知識，爭得入易行之一門哉？莫全以自見之覺語，亂他力之宗旨。乃聊註耳底所留，親鸞聖人物語之趣，偏為散同心行者之不審也。

【他力信心解讀】：

《歎異鈔》內容由十八段文字構成，分成兩大部分。第一部分包括第一段至第九段，主要是親鸞聖人的語錄，記錄親鸞聖人所說淨土真宗教義要旨。第二部分包括第十段至第十八段，主要是敘述親鸞聖人之弟子唯圓自己的意見，呼籲念佛同參要信心一致。

由於《歎異鈔》內容分成兩大部分，因此《歎異鈔》有兩篇
序文。第一篇序文就在《歎異鈔》的開頭，而第二篇序文
出現在第十段。《歎異鈔》開頭的序文，其重點就在「歎有
異先師口傳真意」這文句。這個對於「有異先師口傳真意」
的異端說法橫行之慨歎，就是《歎異鈔》執筆的動機。出
現在第十段的第二篇序文，其重點就在「近聞其中（親鸞
聖人在世時，隨眾念佛之老者之中）有人傳述甚多並非
聖人所教異義」，這與第一篇序文所說的「歎有異先師口
傳真意」正好互相呼應，故第二篇序文可視為是第一篇
序文的延續，兩篇序文實在是異曲同工。

為甚麼《歎異鈔》開宗明義說「歎有異先師口傳真意」呢？
這裡必須先瞭解一下有關親鸞聖人其人及所謂「善鸞事
件」。

親鸞聖人於公元一一七三年出生於京都，是提倡「他力念
佛」之淨土真宗的開山祖師。親鸞聖人九歲出家，在比叡
山修行。二十九歲時下山，歸依智慧與學問都是無人能
及的淨土宗祖師法然上人，才真正歸命彌陀，把心安住
於無量光明之中。親鸞聖人讀一切經讀了許多遍，然後
告訴我們：「如來所以興出世，唯說彌陀本願海。」如來
之所以示現世間，其最終目的，唯是要講說「彌陀本願」。
所以，親鸞聖人九十年的人生，除了彌陀本願以外，沒
有講過別的教義。故《御文章・第一帖》說：「親鸞聖人並
不弘揚甚麼珍法。如來教法，我信之，並說明給人聽而
已。」「本願」又叫「誓願」，即「諾言」的意思，故彌陀的本

願，就是阿彌陀如來許下的諾言。彌陀本願可以簡單地歸納為「必定拯救所有人，使其在現在世、未來世，都得到絕對的幸福，成為大安心、大滿足之身」。彌陀本願不是只在死後才使我們去往生極樂世界成佛，而是在現在，活著的時候就加以拯救，使我們從今生直至未來永遠都活在絕對的幸福中的諾言。十方眾生，所有人都是彌陀本願的對象；無論老少，不分善惡，彌陀本願的拯救不會加以絲毫區別，故《歎異鈔》說：「彌陀本願不擇老少善惡。」為了顯示一切人皆可得救的道理，親鸞聖人得到了恩師法然上人的批准，乃破戒食肉娶妻，並強調除了這彌陀本願，我們凡夫絕對沒有其他能得到真正幸福的道路；只要憑藉清靜真實的信心，任何人都可以得到救度，甚至一個食肉娶妻的佈教士。親鸞聖人又提出，釋尊所傳一切教法的結論，唯是「一向專念，無量壽佛」。親鸞聖人也是由於如來這教導，只向著阿彌陀佛一佛，只相信阿彌陀佛一佛，強調不拜一切諸佛、諸神。正當「南無阿彌陀佛」的聖號被與日俱增的人們廣泛地稱念的時候，原來在比叡山、奈良、高野山等極為盛行的傳統佛教卻失去光彩，漸漸萎靡不振。在各山上僧侶的仇恨和慘烈的攻擊與集體指控下，法然上人、親鸞聖人因主張「不拜一切諸佛、諸神」而被放逐。法然上人被驅離了皇城京都，以七十五歲的高齡被流放到四國島。親鸞聖人當時三十五歲，被流放到終年受到風雪侵襲的越後，有機會把彌陀的教義傳遍給越後、常陸等關東的山野庶民。親鸞聖人在關東旅居二十餘年，到了六十三歲才再回到京都。

親鸞聖人離開關東不久，一眾門徒之間對師父的教義竟
產生了各自的己見、曲解，並生起許多爭論。因京都與
關東相距太遠，親鸞聖人便派自己的兒子善鸞到關東。
可是最諷刺的是，善鸞竟然開始散佈他的異端邪說。善
鸞向人傳播說親鸞聖人曾經於深夜中，秘密傳授真實教
法給他一個人，因而捏造了所謂「秘密法門」一事。另外
一個異端邪說，是善鸞竟教人侍奉神祇，並且替人占卜
吉凶，迷惑了眾人。故親鸞聖人在《和讚》中說：「可悲道
俗，以擇良時吉日，拜天神地祇，卜占祭祀為己任。」可
見善鸞所傳播的異端邪說，違背了親鸞教導的主張，煽
惑了信徒，這對唯是「一向專念，無量壽佛」的親鸞聖人
來說，是絕對不可接受的事。破邪顯正絕不容私情，所
以親鸞聖人八十四歲時，與善鸞斷絕了父子關係。《歎異
鈔》就是以「善鸞事件」為背景的一本書，從這裡我們可
以清楚看見親鸞聖人一心一意向著彌陀一佛的精神修為。
直到九十歲去世為止，親鸞聖人在一心念佛的道路上，
永不停止地走；一個人格突顯的人，傾其一生的心血，
貫徹了「一向專念，無量壽佛」這真實的教義，確實值得
我們學習與頂禮。

以上所說，就是《歎異鈔》作者唯圓感慨地說「歎有異先
師口傳真意」的背景了。另外，唯圓又在《歎異鈔》第二
序文（第十段）中說，他跟意志相同的同伴們步行遠赴京
都拜訪親鸞聖人，去請教不可思議念佛之教。唯圓及眾
同伴，是因為關東教團受到了善鸞異端邪說所困惑，才
會遠赴京都。唯圓及眾人雖然都同樣聽過親鸞聖人不可

思議念佛之教，但唯圓看到眾人把親鸞聖人的話聽過又忘了，異端邪說又來了，寧不可歎？所以拜訪完親鸞聖人後，唯圓便把自己慨歎的事一一執筆寫下來，就成為這本《歎異鈔》了。

至於《歎異鈔》全書之中心思想，就是第一篇序文中所說之「莫全以自見之覺語，亂他力之宗旨」。

《歎異鈔》提出，在修證的態度上，有「自見之覺語（自力）」以及「他力之宗旨（他力）」兩種。所以，在念佛的態度上，自然也有「他力」與「自力」兩種念佛。「他力」與「自力」的兩種念佛，中世紀在印度就引發過是「猴式」還是「貓式」的爭論。

1. 「自力」念佛是一種猴式的念佛，自力念佛人就像小猴子抱著母猴一樣，以念佛的方式緊緊抱住阿彌陀佛，所以在信仰阿彌陀佛中還有著自力作為得救的第一要緊因素。所以自力念佛人的想法，是以念佛為本。

2. 「他力」念佛是一種貓式的念佛，他力念佛人就像小貓被母貓叼著脖子走一樣，自己甚麼也不用作，他力念佛人是真正把一切的一切任由阿彌陀佛本願他力的擺佈，所以必須絕對信任阿彌陀佛的救度，故信心是他力念佛的第一要緊因素。他力念佛人當然

第一部

也念佛，但在想到念佛的一瞬間就已經被救了。所以念佛之前，先有信心！

兩者的差別在於以念佛為本還是以信心為本，這一點很重要。那種以信心為本的親鸞聖人的念佛，是貓式的念佛，亦即是《歎異鈔》所要講的他力念佛。也就是說，只要具有信阿彌陀佛的心便夠了，我們並不需要以念佛來抱住阿彌陀佛，因為阿彌陀佛會為我們安排一切。念佛只是因為得到了阿彌陀佛的拯救，所以感恩，是一種感恩的念佛，所以說他力念佛是一種結果。

這他力念佛，就是《歎異鈔》全書之中心思想！

第一段

相信依賴阿彌陀佛不可思議之本願，可得救往生，而念佛之心生起時，即已獲攝取不捨之利益。彌陀本願不擇老少善惡，唯信心為要，誓願本為罪惡深重，煩惱熾盛之眾生所立。相信本願，不須其他善行，因無可勝念佛之善故。惡亦非可懼，無可礙本願之惡故也云云。

【他力信心解讀】：

不可思議之阿彌陀佛本願念佛法門，實在是不容易表達得清楚，所以我們需要借重《歎異鈔》。

31

《歎異鈔》全書只談「本願念佛」。「本願念佛」就是一切念佛法門的中心，一切淨土信仰的原點，它的內涵非常豐富，涵蓋了所有一切諸佛淨土修法的變化。作為一個念佛人，一定要好好的瞭解它，不可以掉以輕心。

《歎異鈔》第一段便開宗明義地說明，我們凡夫要往生阿彌陀佛極樂淨土，必須要絕對相信及依靠阿彌陀佛的本願力。也就是說，我們凡夫不是靠自己的力量念佛而往生淨土；念佛的力量，是從阿彌陀佛那邊來的，所以《歎異鈔》第一段開宗明義說：「相信依賴阿彌陀佛不可思議之本願，可得救往生，而念佛之心生起時，即已獲攝取不捨之利益。」是阿彌陀佛來救我們，無量光明的感覺才會現起，我們才能生起「至心、信樂、欲生」之真實念佛心而念佛；當心中興起這念佛之心時，我們已經被阿彌陀佛救到淨土了，自己與阿彌陀佛本願相應了，當下就是阿彌陀佛極樂淨土了！所以，不是為了往生淨土而念佛，念佛是因為自己已經得救了！

事實上，「相信依賴阿彌陀佛不可思議之本願，可得救往生，而念佛之心生起時，即已獲攝取不捨之利益」這句話，已打破了一般念佛往生的傳統，是一種極具革命性的思想：

1. 一般念佛往生的傳統思想認為，我們凡夫是為了往生淨土而念佛，念佛成為了達到某種目標的手段。但是親鸞聖人卻說念佛絕不是為了達到某種目標的

手段，而是結果。是得到了彌陀的拯救，所以感恩，
是一種感恩的念佛，所以説念佛是一種結果，故説
念佛之於行者，既非為了往生而作的修行，也不是
為了往生而作的甚麼善行。

2. 傳統念佛往生的思想認為必須念佛才可往生，但是
親鸞聖人卻説不一定要念佛，只要有念佛之心便行
了。因為若果必須念佛才可往生，念佛就變成手段
了。所以親鸞聖人才會説「而念佛之心生起時，即
已獲攝取不捨之利益」這句話。

這樣説來，我們就不必念佛嗎？絕對不是！我們既已得
到了阿彌陀佛的拯救，自然能夠天天心滿意足地過著幸
福光明的生活，這是現世圓滿；而在娑婆緣盡的時候，
亦能往生彌陀極樂世界淨土，與阿彌陀佛同體，成為一
個像阿彌陀佛一樣無量壽、無量光的佛，這是未來世圓
滿。故知彌陀本願不是只在死後才使我們去往生極樂世
界成佛，而是在現在活著的時候，就加以拯救，使我們
從今生直至未來永遠都活在絕對的幸福中。我們凡夫既
得阿彌陀佛不可思議之本願的救度，自會生起感恩之心，
所以念「南無阿彌陀佛」不是「請祢救我」，而是「感謝祢
救了我」。這樣的念佛，唯是一種感恩的念佛；這樣的念
佛，絕非為了往生而作的修行，而是一種結果。

彌陀本願可以簡單地歸納為：「必定拯救所有人，使其在
現在世、未來世，都得到絕對的幸福，成為大安心、大

滿足之身。」故十方眾生，所有人都是彌陀本願的對象；無論老少，不分善惡，彌陀本願的拯救不會加以絲毫區別。故親鸞聖人又說：「彌陀本願不擇老少善惡，唯信心為要，誓願本為罪惡深重，煩惱熾盛之眾生所立。相信本願，不須其他善行，因無可勝念佛之善故。惡亦非可懼，無可礙本願之惡故也云云。」為了顯示一切人人皆可得救、「無可勝念佛之善」、以及「無可礙本願之惡」，親鸞聖人乃破戒食肉取妻，以強調只要憑藉清靜真實的念佛信心，任何人都可以得到救度，甚至一個食肉娶妻的佈教士；除了這彌陀本願，我們凡夫絕對沒有其他能得到真正幸福的善行。

第二段

諸位不顧身命，越十餘國境來訪，意在求聞往生極樂之道。然各位心存懷疑，思我念佛之外，別有往生之道、經典法文等，大錯也。南都北嶺，著名學者眾多，存此懷疑，即應前往拜會，詳聞往生法要。至於親鸞，唯然遵從吾師教導，相信念佛可得彌陀救度而已，別無其他秘訣。念佛誠然可為往生淨土之因，亦或可為墮落地獄之業，全然非我所知。使我被騙於法然，因念佛墮落地獄，亦更無悔。設我力修他行，原可成佛，卻因念佛墮落地獄，方有被騙可言，而我本行行難及之身，棲處地獄原是一定。彌陀本願若是真實，釋尊說教自非虛言；佛說若是真實，善導御釋不致虛言；善導御釋若是真實，法然所說焉為空言？法然所言若

是真實，親鸞所申豈是虛欺？總之，愚禿之於信心，如此者也。而今而後，取念佛而信之，或捨念佛而棄之，悉聽各位尊便。

【他力信心解讀】：

親鸞聖人因主張「不拜一切諸佛、諸神」，故三十五歲時被流放到終年受到風雪侵襲的越後，因此有機會把彌陀的教義傳遍給越後、常陸等關東的山野庶民。親鸞聖人在關東旅居二十餘年，到了六十三歲再回到京都。可是，當親鸞聖人離開關東不久，一眾門徒之間對師父的教義竟產生了各自的己見、曲解，並生起許多爭論。因京都與關東相距真的很遠，親鸞聖人便派自己的兒子善鸞到關東。可是最諷刺的是，善鸞竟然開始散佈他的異端邪說。善鸞向人傳播說親鸞聖人曾經於深夜中，秘密傳授真實教法給他一個人，因而捏造了所謂「秘密法門」一事。另外一個異端邪說，是善鸞竟教人侍奉神祇，並且替人占卜吉凶，迷惑了眾人。

在關東念佛者之間發生了信仰上極度混亂的這個時候，親鸞聖人之弟子唯圓便與一些志同道合者「不顧身命，越十餘國境來訪，意在求聞往生極樂之道」。在那個時候，從關東到京都是一段極艱難困苦的旅程。眾人不顧身命來訪，志在直接向親鸞聖人請教念佛問題，原來都只是為了一個心願：求聞往生極樂之道，以確立正確無誤的本願念佛信仰。

親鸞聖人斬釘截鐵地說明了自己的立場:「然各位心存懷疑,思我念佛之外,別有往生之道、經典法文等,大錯也。……至於親鸞,唯然遵從吾師教導,相信念佛可得彌陀救度而已,別無其他秘訣。」他說以他自己的立場而言,唯是遵從老師法然上人的教導,相信念佛可得阿彌陀佛救度,除此之外,根本再沒有甚麼秘訣。這裡隱含著親鸞聖人的真意:他自己本人的信心就是這樣單純,到底我們要相信他力念佛,或是要放棄他力念佛,除了我們自己作判斷、自己去抉擇以外,根本一點辦法也沒有。這絕不是請教別人所能解決的問題啊!

除了我們自己作判斷、自己去抉擇以外,根本一點辦法也沒有!所以,親鸞聖人更進一步說出:「念佛誠然可為往生淨土之因,亦或可為墮落地獄之業,全然非我所知。使我被騙於法然,因念佛墮落地獄,亦更無悔。設我力修他行,原可成佛,卻因念佛墮落地獄,方有被騙可言,而我本行行難及之身,棲處地獄原是一定。」親鸞聖人看似沒有肯定的說出「相信念佛的人一定能獲得彌陀救度」;但是,親鸞聖人卻清楚說道若不念佛,「棲處地獄原是一定」,故即「使我被騙於法然,因念佛墮落地獄,亦更無悔」。在這些話中,意思只有一個,就是「請絕對相信念佛可得彌陀救度」。

親鸞聖人繼續展開了一段非常有趣的理論:「彌陀本願若是真實,釋尊說教自非虛言;佛說若是真實,善導御釋不致虛言;善導御釋若是真實,法然所說焉為空言?法

然所言若是真實，親鸞所申豈是虛歟？」彌陀大願若是對
的，釋尊說教就是對的了；釋尊說教若是對的，善導大
師（中國唐朝淨土教之集大成者）之解說就是對的了；善
導大師之解說若是對的，法然上人所言就是對的了；法
然上人所言若是對的，則自己（親鸞聖人）也不會錯了！
簡單來說，老師若是對的，學生就是對的了，這就是印
心了，問題就是這麼顯而易見。這個師徒以心印心的佛
法傳承，是當然真實的。可惜，表面上雖然有很多人追
隨親鸞聖人念佛，但他們根本就沒有印心，根本就沒有
領會到親鸞聖人的真意！所以親鸞聖人不客氣地說：「總
之，愚禿（親鸞聖人）之於信心，如此者也。而今而後，
取念佛而信之，或捨念佛而棄之，悉聽各位尊便。」雖然
親鸞聖人說得不客氣些，但是大家不要誤解以為他缺乏
憐憫之心。親鸞聖人之所以如是說，只有一個目的，那
就是要使人人能像自己一樣，絕對相信彌陀本願，擺脫
所有混亂與迷惑。

第三段

善人尚且得以往生，何況惡人。然世人常曰：「惡人尚
且得以往生，何況善人。」此說似合道理，其實違背本
願他力意趣。蓋自力作善者，缺乏他力唯賴之信心，
並非彌陀本願。然若改其自力之心，相信他力亦得往
生真實報土。我等煩惱具足，任何修行皆難脫離生死，
彌陀憐而立誓，本意實為惡人成佛，是以相信他力之
惡人，方為往生正因。故曰善人尚且得以往生，何況
惡人云云。

【他力信心解讀】：

「善人尚且得以往生，何況惡人。」佛願在乎救度惡人，親鸞聖人如是說！我們若能如是相信，一切問題就解決了！自己是惡人，應該自覺。能夠承認自己是惡人，就如《地藏經》所說的「剛強難化，起心動念，無不是罪，無不是業」；能夠自覺自己是惡人的人，才會虛心歸順「彌陀本願力」的救度，對往生極樂淨土成佛已無疑心，成為信心決定之人，自能領受「真實之利」，得到絕對的幸福，成為大安心、大滿足之身了。當我們承認自己是惡人的同時，我們就已得到阿彌陀佛的救度了；信心歡喜之時就能往生，並不是死了才往生極樂淨土，而是在世之時就能生為大安心、大滿足之身！

這裡之所謂「善人」，嚴格來說，該說是自以為善人的人，一般就是指那些自以為能夠以行善布施或依賴自己的能力修行來積聚功德的人，他們對阿彌陀佛的救度，根本看都不看。他們不是親鸞聖人討論的對象。所以，親鸞聖人說：「蓋自力作善者，缺乏他力唯賴之信心，並非彌陀本願。」然而，他們若改變其依賴自力修行之心，清清楚楚地自覺到自己是惡人，承認自己是煩惱凡夫，愚劣無能，並虛心仰仗阿彌陀佛的救助，亦可以往生極樂世界成佛。

以上所説「相信他力之惡人，方為往生正因」的道理，也許容易招致誤會，以為在叫人去做壞事。其實，我們不必去殺人搶劫，因為我們本來就是惡人了！親鸞聖人於《一念多念證文》云：「凡夫者，無明煩惱充滿我身。欲多、瞋、怒、嫉之心多而無間斷，至臨終之一念猶不休止、不消失、不杜絕。」這是告訴我們，我們都是煩惱具足的凡夫，我們的煩惱是至死不消失的，把自己想成善人的人，認真來説，是偽善者；能夠徹底發現自己「欲多、瞋、怒、嫉之心多而無間斷」，一直如此反復，故自己本來就是惡人了。但是，這裡所説是深層次的惡人，是清清楚楚地自覺到自己是惡人的人，是真真正正會虛心歸順「彌陀本願力」的救度的人，是對往生極樂淨土成佛再無疑心的人，是能夠成為信心決定的人。故親鸞聖人在這裡補充説：「我等煩惱具足，任何修行皆難脱離生死，彌陀憐而立誓，本意實為惡人成佛，是以相信他力之惡人，方為往生正因。」亦唯有能夠自覺到自己是惡人的人，才是最能得到阿彌陀佛救度的人，所以親鸞聖人總結説：「故曰善人尚且得以往生，何況惡人云云。」

第四段

慈悲有聖道、淨土之別。聖道之慈悲者，民胞物與也，然能遂心救助者極為難有。淨土之慈悲者，以念佛急速成佛，以大慈大悲之心，如願利益眾生也。於今生，任令對人同情愛憐，奈難相助，究無慈悲可言。是以，唯有念佛方為真正大慈大悲之心云云。

【他力信心解讀】：

孩子病了，看到孩子受苦的樣子，父母都願意代他們承擔，可是就是做不到。這是無可奈何！無可奈何之中，我們唯有念佛，別無他法了！所以親鸞聖人說：「於今生，任令對人同情愛憐，奈難相助，究無慈悲可言。是以，唯有念佛方為真正大慈大悲之心云云。」面對眾生苦難，我們凡夫再怎麼想也幫不上忙，真的甚麼也做不到，這是一個絕望，所以要念佛。唯有一味念佛，別無他法了！

念佛一點也不消極。真正得到了阿彌陀佛救度，信心歡喜念佛之時，在世之時就能往生，生為大安心、大滿足之身，讓我們拂去自己及他人的悲傷、痛苦及一切煩惱。真正得到了阿彌陀佛救度，死後亦一定往生極樂淨土迅速成佛。唯有自己成了佛，才能以真正大慈大悲之心，如願利益眾生。除了自己成了如阿彌陀佛一樣的佛去救眾生以外，便再也沒有真正的慈悲救度了，所以親鸞聖人說：「淨土之慈悲者，以念佛急速成佛，以大慈大悲之心，如願利益眾生也。」

第五段

親鸞未曾一遍為孝養父母念佛。蓋一切有情盡皆生生世世父母兄弟,須於次生成佛悉皆救度者也。念佛果係自力之善,始得迴向救助父母。是故唯有捨棄自力,急開淨土之悟,方可以神通方便,自四生六道中救度沈淪任何業苦之有緣。

【他力信心解讀】:

親鸞聖人說:「親鸞未曾一遍為孝養父母念佛。蓋一切有情盡皆生生世世父母兄弟,須於次生成佛悉皆救度者也。」在這裡,親鸞聖人否定了把念佛功德迴向給父母的做法。為甚麼呢?因為一切眾生無始以來都是在永遠輪迴中,一切有情都曾經是及將會是我們的父母。所以不要一味只想著孝養此生的父母,否則這仍然只是一種利己主義,而是應該生起廣大心量,現在此刻盡力與世上人人廣結念佛緣,同時還要去珍惜重視與世上人人的這一場紅塵念佛緣分關係。這才是他力本願念佛人在這個世界活下去的唯一幸福生命方法。

更重要的是,親鸞聖人斬釘截鐵地否定了在他力本願念佛中的任何「迴向功德」行徑。為甚麼呢?親鸞聖人清楚地說明:「念佛果係自力之善,始得迴向救助父母。」「迴向」一語梵語為paritnamana,本來的意思是「把某物轉用於非原來目的」,例如迴向功德就是把自己所修的善行

結果，轉給別人。但是，若站在迴向功德的立場來説念佛，念佛就變成了修行功德的自力行為，念佛變成一種手段了，這種念佛就糟了！本來親鸞聖人就不贊成這種為了往生而念佛的自力念佛。親鸞聖人並不是為了往生而念佛，相反地，是真正得到了阿彌陀佛救度，所以感恩，是一種感恩的念佛，所以説念佛是一種結果，故説念佛之於行者，既非為了往生而作的修行，也不是為了往生而作的甚麼善行。念佛乃是阿彌陀佛所恩賜的，是念佛使親鸞聖人繼續念佛。這才是他力本願念佛的真相！

第六段

專修念佛之輩，竟互相爭論，云我弟子，他人弟子。悖理也。親鸞無一弟子。人之念佛，誠我所致者，方為弟子；人之念佛，唯佛所賜，謂我弟子，謊謬極矣。有相隨之緣則聚，有相離之緣則散。背師而事他人念佛者不得往生，此事不可言也。如來所賜之信心，妄視為我有而欲討返，萬萬不可有也。若合自然理則，既知佛恩，又知師恩矣云云。

【他力信心解讀】：

親鸞聖人在這裡説明「親鸞無一弟子」這句話的第一個原因是：念佛乃純粹是阿彌陀佛所恩賜的，不是凡夫想念就可以念，更不是可以通過任何人、任何宗教、任何法門而達到可以念。所以，親鸞聖人清楚地説：「人之念佛，

誠我所致者，方為弟子；人之念佛，唯佛所賜，謂我弟子，謊謬極矣。」

親鸞聖人説「親鸞無一弟子」這句話的第二個原因是：親鸞聖人不需要任何追隨者，因為追隨者一旦開始追隨自己，他們便不再是在追隨真理；親鸞聖人只在乎一件事，那就是使人認識彌陀本願，並使人能從所有無明的牢籠和恐懼中釋放出來而得到現世及未來世絕對的幸福。所以親鸞聖人清楚地説：「專修念佛之輩，竟互相爭論，云我弟子，他人弟子。悖理也。」

親鸞聖人説「親鸞無一弟子」這句話的目的是為幫助人人獲得彌陀本願之徹底的、無條件的解脱。這是親鸞聖人唯一關心的！弟子們的偏見、恐懼、盲目追隨、還有新的舊的宗教思想等，所有這些，都是彌陀本願之路的絆腳石。所以親鸞聖人反復地説：「有相隨之緣則聚，有相離之緣則散。背師而事他人念佛者不得往生，此事不可言也。如來所賜之信心，妄視為我有而欲討返，萬萬不可有也。若合自然理則，既知佛恩，又知師恩矣云云。」親鸞聖人不能把自己的想法説得更清楚了，他不希望弟子們只是附和自己，他不需要他們追隨。親鸞聖人所盼望的，是弟子們真正能知佛恩，領悟彌陀本願，覺悟到念佛唯是阿彌陀佛的恩賜，獲得現世及未來世徹底的解脱，這才合「本願他力」的自然理則，這才是真正領會他的意思，才可稱得上能知師恩。

但是，直到今天，卻還沒有多少人願意無條件地從自己的偏見、恐懼、盲目追隨、以及永無止境的新的舊的宗教思想的糾纏中解脫出來，全身心地相信親鸞聖人的話，一心一意地相信彌陀本願，活得像阿彌陀佛一樣快樂。即便有，也屈指可數，這就是親鸞聖人告訴我們「親鸞無一弟子」的原因！

第七段

念佛者，無礙之一道也。因信心行者，天神地祇敬伏，魔界外道無可障礙。且罪惡業報亦不感，諸善不能及之，故曰無礙一道也云云。

【他力信心解讀】：

親鸞聖人在這裡說明我們一旦被阿彌陀佛救度，就會有絕對幸福！親鸞聖人清楚地說：「念佛者，無礙之一道也。」所謂「念佛者」，就是指已被阿彌陀佛救度、信心決定之人。所謂「無礙之一道」，就是指連死亡也不成為障礙的絕對幸福境地。

親鸞聖人繼續補充說：「因信心行者，天神地祇敬伏，魔界外道無可障礙。且罪惡業報亦不感，諸善不能及之，故曰無礙一道也云云。」我們一旦被阿彌陀佛救度，成為信心決定之人，則天神地祇皆敬伏，魔界外道無障礙。甚至，連罪惡也不能感到業報！換句話說，我們不會再

感覺是不是因為犯罪而會有惡報到來的不安，亦唯有這樣，我們原來的人生才會變成明朗而無任何障礙的光明人生；亦唯有如此，才可稱得上是獲得了絕對的幸福了。

第八段

念佛之於行者，非行非善也。非因我意而行，是為非行；非因我意而作之善，故云非善云云。

【他力信心解讀】：

《歎異鈔》就是排斥為了往生而念佛，排斥一切為了某種目標的念佛。對親鸞聖人來說，念佛絕不是為了達到某種目標的手段，而是結果。是得到了彌陀的拯救，所以感恩，是一種感恩的念佛，所以說念佛是一種結果，故說念佛之於行者，既非為了往生而作的修行（非行），也不是為了往生而作的甚麼善行（非善）。念佛乃是阿彌陀佛所恩賜的，非行非善，故不是凡夫想念就可以念。所以親鸞聖人清楚地說：「非因我意而行，是為非行；非因我意而作之善，故云非善云云。」

親鸞聖人說出「念佛不是為了往生而作的修行，也不是為了往生而作的甚麼善行」這道理，我們可以想像，是因為人人都把念佛當作是為了往生而作的修行，或當作是為了往生而作的甚麼善行。親鸞聖人的想法與這些人有著根本上差異，他斷言念佛不是一種修行。親鸞聖人以

為信心才是根本，只要有了相信阿彌陀佛的心，即使不念佛，也能得救；極端一點說，連念佛也都可以不必了！

第九段

(唯圓)問師：「雖然念佛，苦無踴躍歡喜之心，又無急欲往生淨土之心，應如之何？」師曰：「親鸞亦曾有此疑問，唯圓果同心耶！細思之，有躍天之喜不喜，愈見往生一定。抑壓該喜之心，使之不喜，煩惱所為也。然佛素知之，故曰煩惱具足凡夫；可見他力悲願正為我等，應愈更覺可信。無急欲往生淨土之心，些微病勞，懼死而憂，亦係煩惱所為。久遠劫起流轉至今，苦惱之舊里難捨，未曾見之安養淨土，不興思念，誠煩惱熾盛所致。然娑婆之緣既盡，無力而終時，亦得往生彼土。又無急往之心，佛所殊憐者也。是以應知往生已經決定，大悲大願愈可賴矣。有踴躍之喜，又欲急往生淨土者，得無煩惱，卻有不預本願之疑乎云云。」

【他力信心解讀】：

「雖然念佛，苦無踴躍歡喜之心，又無急欲往生淨土之心」，這樣下去行嗎？這到底是怎麼一回事？這個正處於大惑中四十幾歲的人名叫唯圓，被推定為是《歎異鈔》的作者。唯圓遭遇到了對念佛真正的懷疑，是本質上的懷疑；其實到了四十幾歲，人總會在基本的地方產生迷惘，

就好像一個教育家開始懷疑「教育」的可能性一樣。不知為甚麼,雖然念佛,總覺得高興不起來,不會感動;自己該高興卻高興不起來,這確教人煩惱,於是唯圓便跑去請教老師親鸞聖人。

親鸞聖人回答說:「親鸞亦曾經有過這種疑問,唯圓也跟我一樣啊!」親鸞聖人竟然說出這樣的話,真是令人感到意外!不過,聽了親鸞聖人的這句體貼的心底話,確能令人鬆一口氣,能安心地聽他講話。

親鸞聖人接著對唯圓講了一段很親切的教義:「讓我們細意想想,有天大的喜事,自己該高興卻高興不起來,愈見『往生一定』。抑壓該高興之心,讓自己高興不起來,這是煩惱所為。」人有煩惱,我們都是人,這是沒辦法的事啊!念佛而不感到雀躍的高興,又不興起急欲往生淨土之心,這都是人性,我們都是人,這是沒辦法的事啊!

但是,正正因為人有煩惱,人才能夠虛心接受阿彌陀佛所恩賜的念佛而被阿彌陀佛救到淨土了,才能夠成為一個「往生一定」的人,所以親鸞聖人繼續說:「然而,佛早已看清楚了我們,所以才說我們是『煩惱具足凡夫』;這樣我們才能瞭解,阿彌陀佛的他力悲願正為我們這些凡夫而發,因而應愈覺可信。再者,沒有急欲往生淨土之心,稍微生了病就怕會死,這亦是煩惱在作祟;從無限久遠的過去以來,流轉至今,苦惱之舊里難捨,對未曾見的極樂淨土也不嚮往思念,這正正是煩惱熾盛所致。

但是不論怎麼依戀不捨，一旦娑婆世界之緣盡了，生命的火花熄滅時，亦得往生彼極樂淨土；對我們這些沒有急著往生的煩惱凡夫，佛又特別憐憫，故更加為我們操心，所以我們應知往生已經決定，更應確信佛的大悲大願。如果有踴躍之喜，又欲急著往生淨土者，這個時候，難道不會懷疑自己是否真的沒有煩惱嗎？」唯圓以為念佛就會有歡喜的心、就會有急欲往生淨土之心湧現出來，這是他的錯誤！為甚麼？因為如果是這樣，我們就會變成為了歡喜、為了急欲往生而念佛，念佛會變成了手段，這是不對的。念佛絕對不會是往生淨土的一種手段！

所以，確信佛的大悲大願，知往生已經決定，如是唯因感恩而念佛，邊流淚邊念佛，這有甚麼不好？親鸞聖人如是說！

第十段

師曰：「念佛以無義為義，不可稱、不可說、不可思議故。」

【他力信心解讀】：

要怎樣才會念佛？《歎異鈔》就是為了解答這個疑問而寫的書！

《歎異鈔》第十段的開頭部份說「念佛以無義為義」,「義」就是「意圖(自力)」,故一般人會理解「義」與「意圖(自力)」,故會理解「無義為義」為「以沒有意圖為意圖」。

其實,「無義」的「義」與「為義」的「義」意思實不相同,前者是「凡夫的意圖」,而後者則為「佛的意圖」;真正的念佛是超越凡夫意圖的,念佛是阿彌陀佛讓我們念的。念佛是他力,這樣我們凡夫就能安心。所以說我們不能念佛,是阿彌陀佛在念佛,我們甚至不能討論,也不能思考想像念佛,故念佛是「不可稱、不可說、不可思議」。亦只有當我們連念佛都沒有了,所以我們才能得救。因為我們如果有了念佛,就會把念佛變成了自力,把念佛變成了一種修行,就會被牽絆住。

第十段(下半段)

親鸞聖人在世往昔,意志相同,步行遠來京城,以同一信心,祈願當來報土之同輩,雖同時承領同一意趣,然隨眾念佛之老者不知其數。近聞其中有人傳述甚多並非聖人所教異義,特將無謂之說詳細條陳如下。

【他力信心解讀】:

唯圓在《歎異鈔》這篇第二序文中說,他跟意志相同的同伴們步行遠赴京都拜訪親鸞聖人,去請教不可思議念佛之教。唯圓及眾同伴,是因為關東教團受到了善鸞異端

邪説所困惑，才會遠赴京都。唯圓及眾人雖然都同樣聽過親鸞聖人不可思議念佛之教，但唯圓看到眾人把親鸞聖人的話聽過又忘了，異端邪説又來了，寧不可歎？所以拜訪完親鸞聖人後，唯圓便把自己慨歎的事一一執筆寫下來，就成為這本《歎異鈔》了。

第十一段

遇有一文不通之輩念佛，驚嚇之曰：「汝信誓願不思議念佛，或信名號不思議耶？」又不為之解説二種不思議之詳細意義，而令其疑惑。此事務必留心分辨清楚。彌陀依誓願之不思議，創制易持易稱之名號，又有「迎取稱此名字者」之約束。因此，相信「任由彌陀大悲大願之不思議救度，則可出離生死」，而心想「念佛乃如來意圖」則毫無自己意謀挾雜，故亦本願相應，得以往生真實報土。既已相信此乃誓願不思議意旨，則名號不思議亦已具足，誓願、名號之不思議同一，更無所異矣。夾雜自己意謀，以為善惡有別，助障往生，則是不信誓願不思議。居於己意之念佛，乃自力之行，實乃不信名號不思議者也。雖然不信仍能往生邊地、懈慢、疑城、胎宮等地，再依果遂之願，遂生報土，此乃名號不思議力，亦即誓願不思議，故二者一也。

【他力信心解讀】：

唯圓在《歎異鈔》這一段中指出，當時在念佛者當中大多

數人是目不識丁，一點知識也沒有的。對於這種一般民眾，親鸞聖人的弟子中居然有人迫著他們回答：「汝信誓願不思議念佛，或信名號不思議耶？」又不為他們解說二種不思議之詳細意義，而令他們疑惑，並喪失對他力念佛的信心。到底是相信彌陀本願(誓願)、抑或是相信「南無阿彌陀佛」這句名號而念佛呢？在這裡，只要我們略為想一想，便可以發現這根本是一個愚蠢的問題、是一個不成問題的問題！根本上，相信彌陀本願(誓願)與相信「南無阿彌陀佛」這句名號，兩者都是一樣。阿彌陀佛在未成為阿彌陀佛的時候，曾立誓願說，凡是稱念「南無阿彌陀佛」這句名號的人，如果有一個人不能得救往生，阿彌陀佛自己就不要成佛。這是阿彌陀佛尚未成為阿彌陀佛時所立的誓願，是阿彌陀佛之所以為阿彌陀佛之根本，所以叫「本願」。阿彌陀佛之本願就是要救度所有稱念「南無阿彌陀佛」這句名號的人，那麼相信阿彌陀佛之本願便等於相信「南無阿彌陀佛」這句得救往生的「暗號」了！所以說，相信彌陀本願(誓願)與相信「南無阿彌陀佛」這句名號，兩者根本都是一樣。

唯圓說到這裡，聲嘶力竭地再一次重申：「夾雜自己意謀，以為善惡有別，助障往生，則是不信誓願不思議。居於己意之念佛，乃自力之行，實乃不信名號不思議者也。」真正的念佛是超越凡夫意圖的，念佛是阿彌陀佛讓我們念的。念佛是他力，這一點，我們定必要記住。

第十二段

不學經釋之輩，往生不定之說，其義實不足言。開說真實他力意旨之諸多聖教均言，信本願而念佛則能成佛，其他何種學問為往生所要哉？於此理尚有疑惑之人，應多事學問以知本願旨意。讀學經釋而不知聖教本意者，最為可悲。名號乃為不知經釋梗概之人易稱，故稱易行。以學問為旨者聖道門也，是名難行。證文曰：「誤求學問，住於名聞利養之人，順次往生，實有疑問。」時下專修念佛之人與聖道門之人，迭起法論，為「我宗勝，他宗劣」而爭，法敵因之而出，誹謗隨之而生，豈非自謗也？設諸門相率揶揄「念佛乃為無能之人，其宗淺卑」，如此亦更不與爭，心平氣和答以「我等皆係下根凡夫，不通一文者，但聞：信則得救，故而信之。於上根之人此宗固卑，為我等則此法最上。縱有其他殊勝教法，奈何我等器量不及，總難實踐。人我皆離生死，方為諸佛本意，幸莫妨礙。」不慍不怒，則誰與為仇？證文曰：「諍論之處，諸煩惱興，智者遠離。」聖人亦云：「佛說此法有信之眾生，有謗之眾生。」我既信而有人謗，則知「佛說乃真」，應思「往生愈益定矣」。若無人謗，反而應作「有人信，何無人謗」之疑。此說並非定要人謗，佛之豫示信謗，為防因謗而疑也。

今世有否其人，為學旨在問答止謗？學文在於知如來本意，知悲願廣大宗旨，遇到懷有「卑劣之身如何往生」之疑者，則應說以本願旨趣，無善惡淨穢，方合學之

本義。對順應本願念佛之人而言：「為學方得往生。」使起驚慌，乃法之魔障，佛之怨敵，自己既缺他力信心，又欲迷惑他人者也。違背先師教旨，豈可無懼？宜謹慎也！

【他力信心解讀】：

緊接著第十一段，唯圓在這裡繼續討論佛學學問與他力念佛的關係。他力念佛的原點就只是一個「信」字：相信彌陀本願。而我們唯一要做的，只在於回歸到這個原點而已。

唯圓又說：「今世有否其人，為學旨在問答止謗？學文在於知如來本意，知悲願廣大宗旨。」聽佛法或讀書，不要當成「問答止謗」之學問事，要把焦點對準「知如來本意，知悲願廣大宗旨」上。同時，還要注意不與人作「我宗勝，他宗劣」之諍論，心平氣和。我們如果不這樣，就會變成「讀學經釋而不知聖教本意者」，就不能信心決定了。

第十三段

或曰：「仗持彌陀本願，為惡不懼，是謂『本願誇』，不得往生。」此乃懷疑本願，不知善惡宿業之談。起善心乃宿業所催，為惡乃惡業所促。故聖人曰：「須知造惡小如兔毛羊、毛端上微塵，無非宿業所使。」一時師問：「唯圓信我說否？」答以：「然也！」師復問：「不違我言

乎？」答以：「謹領旨。」師曰：「比如殺干人如何？殺則往生一定。」答曰：「師命難違，然以此身器量，一人難殺。」師詰曰：「前說不違親鸞之言，何耶？」繼曰：「知乎？若凡事可以任心，為往生殺干人，應殺也。奈何無殺一人業緣，欲害而不得。不殺，非因心善，無害人之心而殺百干人者有也。」師說是言，意為以心所善為善，以心所惡為惡，乃不知本願救度真意者也。前有墮落邪見者，以為「佛願在乎救度惡人」，故意造惡，云乃往生之業。師聞狀，致書戒曰：「莫因有藥服毒。」余意並非「惡障往生」，然若持戒持律始可信持本願，吾等何得出離生死？雖卑賤之身，信之亦得往生，正是本願所以可信。再者吾身所不具惡業，亦非隨意可造也。聖人曰：「河海網釣渡世者、山野狩獵者、捕鳥維生之輩、從商作農過日之人亦同，皆隨業緣所催而為也。」當今之人故作善人之狀，以為善者方得念佛，或於道場張文云：「為某某事者，不得進入。」豈非外示賢善精進之相，內懷虛假者乎？何況仗持本願所造之罪，亦是宿業所催故也。善惡歸之業報，唯本願是賴，方是他力。《唯信鈔》云：「謂罪業之身難於得救者，何期低估彌陀佛力乎！」有「唯本願是賴」之心，他力信心方始堅定。若言惡業斷盡，方可信持本願，其人固可無所賴於本願，然煩惱既盡則可成佛，五劫思惟之願無意義矣。誡人莫賴本願之人，同是煩惱不淨具足者也，可得而不賴本願乎？況何惡可信本願，何惡不得信賴本願？何思慮之不熟哉！

【他力信心解讀】：

《無量壽經》對於人心的實相有以下四句名言：「心常念惡，口常言惡，身常行惡，曾無一善。」善導大師也曾指出人人心常念惡，大師説：「一人一日中，有八億四千億念，念念所為，皆為三塗之業(墮落三惡道的行為)。」

至於親鸞聖人在《教行信證》則説：「一切群生海，自從無始以來，乃至今日、至今時，皆是穢惡污染而無清淨心，虛假諂偽而無真實心。」親鸞聖人在《口傳鈔》又説：「恐惡業而常作，期善業而不能得之，凡夫也。……原本就是罪體的凡夫，無論大小三業，無非都是罪。」總的來説，自己就是惡人，應該自覺！亦只有真正透徹認識自己「聽到地獄不驚，聽到極樂不喜，撥無因果」的心，才可以「徹於惡人(透徹認識自己就是惡人)」。

親鸞聖人終其一生的教化，都以「徹於惡人」這個思想為核心而開展出來。親鸞聖人「徹於惡人」的這個思想，很容易招致誤會。其實，徹於惡人絕不是叫人去做壞事。我們不必去殺人放火、姦淫擄掠，因為我們都有著「聽到地獄不驚，聽到極樂不喜，撥無因果」的心，本來就是徹頭徹尾的惡人了！

在《歎異鈔》第十三段這裡，親鸞聖人説：「須知造惡小如兔毛羊、毛端上微塵，無非宿業所使。」我們凡夫很多時候甚至不能按照自己的意思去選擇做好事或壞事，有時

做了壞事也是宿業的關係。宿業就是前世帶來的因緣所顯生出來現世的客觀條件，如家庭環境、父母的遺傳、人生際遇、六親關係等，都可以影響我們一而再、再而三地幹下惡事。人就是這樣脆弱！對這個事實，只要我們能夠清楚自覺、認識，便即是徹於惡人。

為了說明這個「（善惡）無非宿業所使」的道理，唯圓在這一段中講述了自己和親鸞聖人的一段有趣對話。親鸞聖人問唯圓：「唯圓，你相信我所說的話嗎？」唯圓答：「當然相信！」親鸞聖人接著又問：「那麼你是否不會違背我所說的話？」唯圓恭敬地回答說：「領旨。」親鸞聖人說：「比如我叫你去殺一千個人又怎麼樣？這樣做便一定能夠往生淨土啊！」唯圓說：「師命難違，然而以我的膽量，連一個人也難殺。」親鸞聖人質問說道：「那你剛才說不違背親鸞的話呢？」親鸞聖人叫唯圓去殺一千個人，這到底是怎麼一回事？

且聽親鸞聖人親自為我們解話：「知乎？若凡事可以任心，為往生殺千人，應殺也。奈何無殺一人業緣，欲害而不得。不殺，非因心善，無害人之心而殺百千人者有也。」親鸞聖人的這句「不殺，非因心善，無害人之心而殺百千人者有也」，乃指出那個「以心所善為善，以心所惡為惡」的所謂善與惡，我們根本不需要加以差別而對之執著！這一點務必要牢記於心，否則根本不能了知「本願救度真意」。

所以説，親鸞聖人不是要我們故意去做壞事。把徹於惡人這個自覺性説成是從現在開始去做壞事，是把自己想成是善人的偽善者的一種「外示賢善精進之相，內懷虛假」之自大狂妄。這種把自己想成是善人的偽善者，根本不是親鸞聖人教化的對象。

這段又引用了親鸞聖人所説的一句話：「余意並非『惡障往生』，然若持戒持律始可信持本願，吾等何得出離生死？雖卑賤（惡人）之身，信之亦得往生，正是本願所以可信。」簡而言之，只有像親鸞聖人這樣徹於惡人的人，才是最能清楚認識並虛心接受阿彌陀佛救度的人；「雖卑賤（惡人）之身，信之亦得往生，正是本願所以可信」，這才是「徹於惡人」內含的彌陀秘密訊息。

第十四段

「一念可滅八十億劫重罪」，此乃十惡、五逆之罪人，日常不事念佛，待命終之時，始從善知識之教，一念稱名則八十億劫之罪滅，十念稱名則十倍八十億重罪滅，得以往生之謂也。此説或為諭知十惡五逆罪之輕重，而有所謂一念十念之事，或為示知念佛利益而發者，並非吾等所可信也。彌陀光明所照，一念發起之時，已獲金剛信心，攝入定聚之位，命終則諸煩惱惡障，轉悟無生法忍矣。心中應想：「若無此悲願，如此卑賤罪人，何得解脱生死？」一生之間所稱念佛，皆應視為「報謝如來大悲恩德」。若信每一念佛皆為滅

罪,即是自力消罪,勵行往生。若然,一生之間,所思所念,無非皆是生死牽絆,須不退轉念佛直至命終,方得往生。然業報有限,遇不思議事死者有之,病惱苦痛,未住正念而命終者有之,皆難念佛,其間之罪,如何滅卻?罪不滅卻,不得往生乎?我等所信者,攝取不捨之願也,縱犯不思議罪,不念佛而終,亦得速遂往生。設使臨終尚能念佛,然開悟期近,自應更加相信彌陀,報謝恩德。企圖滅罪是自力之心,臨終正念,若係其人本意,是無他力信心矣。

【他力信心解讀】:

唯有清清楚楚地自覺到自己是惡人的人,才能夠承認自己是愚劣無能的煩惱凡夫,並虛心仰仗阿彌陀佛的救度,而當我們想要念佛的這個當下,我們便已得救了。從這個「得救了」的當下開始,以後的「一生之間所稱念佛」,便唯是「報謝如來大悲恩德」之感恩念佛了。換句話說,從得到了阿彌陀佛的救度以後的念佛,根本已是沒有必要的念佛了,亦唯有這樣真真正正自自然然感恩念出來的,才是真正的本願他力念佛!

正是沒有必要念佛,我們才要念佛,也才能念佛,這才是真正的本願他力念佛。相反,如果是為了必要而念佛,比如「為滅罪而念佛」,這就不再是本願他力念佛了!如果是為了必要才念佛,這「企圖滅罪是自力之心,臨終正念,若係其人本意,是無他力信心」,實在是有違阿彌陀

佛本願。所以《歎異鈔》第十四段這裡，唯圓說得十分清楚：「我等所信者，攝取不捨之願也，縱犯不思議罪，不念佛而終，亦得速遂往生。」

第十五段

煩惱具足之身即可開悟，荒謬之論也。即身成佛乃真言秘教本意，三密行業之果證；六根清淨，《法華》一乘所說，四安樂之威德也。此皆難行，是上根所務，是觀念成就之覺。來生開覺，方是他力淨土宗旨，是信心決定之道。此乃易行，下根所務，不簡善惡之法。欲於今生斷盡煩惱惡障，事屬極難，修真言、《法華》之淨侶，尚且所求在乎次生開覺，何況我等戒行慧解均無者乎？我等所能，唯彌陀願船是乘，渡生死苦海，到達報土彼岸。當煩惱黑雲晴霽，速顯法性覺月，盡十方無礙光明普照，利一切眾生之時，即得開悟。以現身開覺之人，便如釋尊，示現種種應化身，具足三十二相、八十隨形好，說法利益眾生，如此方是今生開覺之本。〈和讚〉曰：「待得金剛信心堅固時，為彌陀心光所攝護，永遠超隔生死海。」信心堅定時，一經攝取不捨，不於六道輪迴，永離生死。既知如此，何須更言開悟，徒增紛擾哉？聖人曰：「淨土真宗，今生信本願，待於彼土開悟，是我所習。」

【他力信心解讀】：

《歎異鈔》第十五段引用了親鸞聖人所說的一句話：「淨土真宗，今生信本願，待於彼土開悟，是我所習。」這就是說，唯有往生極樂世界然後才能成佛，這才是他力淨土宗旨、才是信心決定之道！

他力念佛者成為信心決定之人，對往生極樂淨土成佛已無疑心，那麼在這世間上的生活方式又如何呢？他力念佛者在這世間上的生活，當然仍是凡夫的生活。但是，由於他力念佛者對往生極樂淨土成佛已無疑心，自然能夠不再悲歎自己想像中之絕望與貧乏，讓自己如實自在，這樣便能夠得到大功德、大利益，現在即可過著幸福與滿足的生活，這就是他力念佛者成為信心決定之人後所得到之現世利益。

另一方面，他力念佛者成為信心決定之人，在娑婆緣盡的時候，自然往生彌陀極樂世界淨土，與阿彌陀佛同體，成為一個像阿彌陀佛一樣無量壽、無量光的佛，然後自由地去實踐普度眾生的事業，這就是他力念佛者成為信心決定之人後所得到之未來利益。所以，親鸞聖人曰：「淨土真宗，今生信本願，待於彼土開悟，是我所習。」

第十六段

「信心行者，若自然生怒，或犯惡事，遇同朋同侶，而生口論，必須迴心懺悔云云者，蓋斷惡修善之意乎？」一向專修之人，唯有一度迴心。平日不知本願他力之人，因彌陀賜以智慧，覺知「平日之心不得往生」，乃翻本心相信本願，是為迴心。若言一切事必須朝夕迴心，方得果遂往生，然人之命終，不待呼吸之間，設若不及迴心，未住柔和忍辱之前，命已盡，攝取不捨誓願豈非虛有？口云相信願力，心思解救惡人誓願不可思議，卻因善人得救之念繞心，始終懷疑本願，缺乏他力信心，終致受生邊地，殊屬可歎。信心一經決定，一切依賴彌陀安排，無須自己操心。如有惡行，愈應仰賴願力，柔和忍辱之心自然順理而生。往生無須賢巧，萬事彌陀是賴。常念佛恩深重，念佛心口自開，無心自然，方是他力。謂自然另有別義之說，可悲也。

【他力信心解讀】：

我們既然生存在這個充滿著貪嗔痴的迷妄世界，就不能不面對貪嗔痴的迷妄，會面對迷妄才是人。但是，只要我們一生有一次對往生極樂淨土成佛真正再無任何疑心（這就是《歎異鈔》第十六段所說的「唯有一度迴心」），這樣即成為信心決定之人，自然便不用再執住甚麼「希望」往生與「期待」於極樂淨土成佛了，同時亦會放棄了甚麼

「平日之心不得往生」之恐懼，把一切任由阿彌陀佛安排，這樣才能讓自己不取不捨，自然地如實自在！當我們面對迷妄，只要「常念佛恩深重，念佛心口自開」，自然會把一切任由阿彌陀佛安排，這樣即能做到安心直接進入迷妄，並讓自己在這迷妄當下如實自在了。這就是如何讓迷妄變成為「無心自然」之他力念佛生活之道的秘密。

由於他力念佛者對往生極樂淨土成佛已無疑心，自然能夠不再悲歎自己想像中之絕望與貧乏，自然讓自己如實自在，自然馬上即可過著幸福與滿足的生活；這就是他力念佛者成為信心決定之人後的生活，盡在「自然」二字！

第十七段

果遂往生邊地之人，終必墮落地獄，此說有何證文根據？經、論、聖教，食古不化，書生之見可嘆。欠缺信心行者，因疑本願，受生邊地，補償疑罪後，仍得於報土開覺。我所學者如此。信心行者少，故勸生化土者多。謂之虛者，誣如來為虛妄矣。

【他力信心解讀】：

《歎異鈔》第一段引述親鸞聖人說：「相信依賴阿彌陀佛不可思議之本願，可得救往生，而念佛之心生起時，即已獲攝取不捨之利益。」把一切任由阿彌陀佛安排，虛心仰仗阿彌陀佛的救助，自可往生極樂世界成佛。

然而，當時一些食古不化、自認是學者的人竟誤導他人說：「對阿彌陀佛不可思議之本願欠缺信心的念佛行者，因為懷疑阿彌陀佛本願而只能往生淨土的邊地，他們最後必墮落地獄。」此說根本沒有任何文獻上的根據！

唯圓説：「經、論、聖教，食古不化，書生之見可嘆。欠缺信心行者，因疑本願，受生邊地，補償疑罪後，仍得於報土開覺。我所學者如此。」總之，阿彌陀佛的救助廣大無邊，便縱是對阿彌陀佛不可思議之本願欠缺信心的念佛行者，雖然因懷疑阿彌陀佛本願而暫時只能往生淨土的邊地，他們在那裡自會斷疑生信，這就是補償了疑心之罪，故自然亦能夠在淨土開悟。

唯圓補充説：「信心行者少，故勸生化土者多。謂之虛者，誣如來為虛妄矣。」這就是説，具有信心而念佛的人太少了，所以即使是不具信心的人，也要迎接到化土（意指暫時的淨土，並不是真實的「實報淨土」，故相當於淨土的邊地），這是阿彌陀佛的本意啊！如果説「往生化土後，最後必墮落地獄」，這豈不是等於侮蔑阿彌陀佛為虛妄之徒嗎？

第十八段

成佛有大小，依所捐佛寺財物大小而定。虛妄之言也。佛無大小可定，安養淨土教主有身量大小云者，就方便法身而言也。法性開悟，無長短方圓，離青黃赤白之色，何可丈量大小？念佛見化佛，大念見大佛，小念見小佛。前理或許由此衍生，或言檀波羅蜜布施之行也。佛前師宿，供施寶物雖多，如無信心，全無意義。無一紙半錢捐獻佛寺，全心信仰他力，信心既深，即合佛之本意矣。蓋因世間欲心，假藉佛事，恫嚇同朋之詞也。

【他力信心解讀】：

在這裡，唯圓批評了當時佛教界一般和尚們的謬論。他們妄說：「成佛有大小，依所捐佛寺財物大小而定。」他們竟以布施財物之多少來衡量一個人之信心，這種說法根本不符阿彌陀佛誓願的本意！

說甚麼「成佛有大小」本來就是荒謬。這謬誤可能是因為一般俗信認為「真修念佛的行者，能夠看到佛的姿容，而念佛大聲者見大佛，念佛小聲者見小佛」所致。另外，這「成佛有大小」謬誤的另一個來源，可能是對布施行的誤解，錯以布施之多少來差別信者。為了釐清這個謬論，唯圓說：「佛前師宿，供施寶物雖多，如無信心，全無意義。無一紙半錢捐獻佛寺，全心信仰他力，信心既深，

即合佛之本意矣。」如果缺乏信心，無論捐佛寺財物多少，也都全無意義。相反，只要一心信賴他力念佛，就是真正符合了阿彌陀佛的本願。

在《歎異鈔》最後一段這裡所指出的「錢大、佛大」之說，都是些為了滿足自己世俗的慾望而巧妙託詞利用佛教的一種狡猾多詐之說詞。這正正亦是今天廿一世紀佛教界的事，我們能不與唯圓一起「歎異」嗎？

後序

前列各項，皆因信心相異所致，據親鸞聖人云：法然上人在世之時，弟子頗多，其中信心與聖人相同者且甚少，聖人、同朋之間，有所爭論。某日聖人云：「善信信心與上人信心一也。」誓觀、念佛等同朋，不以為然，詰問道：「上人信心豈可一於善信信心？」聖人答曰：「上人智慧，才氣高超，善信與比固為狂妄，唯往生信心，全不相異，唯一也。」同朋責曰：「豈有此義？」爭議未果，乃請示上人，稟以詳情，裁定誰是誰非。法然上人曰：「源空信心，如來所賜，善信信心，亦如來所賜，故是一也。別具信心之人，將往之淨土，恐非源空將往之淨土。」時下一向專修之眾，頗多所持信心與聖人信心相異。姑記贅言，聊表愚見。人命如露，我老矣，身如枯草。每承相伴諸眾垂詢疑問，向據聖人旨趣疑惑，我死之後，難免眾說紛紜，屆時宜多研讀聖人愛用經典。經典之中，真實權假相雜。捨權取

實，除假用真，方合聖人本意，切莫錯解聖教。謹擇少數重要證文添附本書，以供參考。聖人常述懷曰：「細案彌陀五劫思惟，專為親鸞一人解救業繫之身，本願誠然可貴。」今案善導之言：「須知自身罪惡生死凡夫，曠劫以來，經常沈沒流轉，永無出離緣。」與聖人金言，了不相違。聖人不惜獻其一生，曉諭我等迷惘，不知罪惡深重，如來恩高。而眾人竟然爭論善惡不休，如來恩德置若惘聞。聖人曰：「我於善惡二者，全然不知。蓋知徹如來心之所善，始能知善，知徹如來心之所惡，方知何謂之惡。煩惱具足凡夫，火宅無常世界，萬事皆屬空言，虛假而無真實，唯有念佛是真。」眾人皆為空言爭論，其中一事尤其可悲。與人爭辯念佛信心，不許他人分辯，又為取勝，竟以聖人之所未述，偽稱聖人之言，卑鄙可嘆，應當深加反省。本篇所記，皆非杜撰，然我於經釋未知梗概，且於法文不知深淺，荒謬之處，在所難免。謹就聖人旨意，憶記片段，未及百分之一。有幸念佛，而不能直往報土，須暫宿邊地，甚為可悲。泣淚染筆而書，唯祈一室行者信心無異，名之曰《歎異鈔》。幸勿見外。

【他力信心解讀】：

唯圓在充滿了對師父親鸞聖人的愛和信心的狀態下，寫下了《歎異鈔》這本不可思議的念佛指南書。本書包含著親鸞聖人對阿彌陀佛的絕對信心，交織著聖人對眾生深深的愛，並且對「相信依賴阿彌陀佛不可思議之本願，可

得救往生，而念佛之心生起時，即已獲攝取不捨之利益」這本願他力念佛之中心思想講得非常清楚。想要念佛，這一瞬間，就已得救了；不一定要念佛，只要有念佛之心就行了！這才是親鸞聖人的念佛！

為了讓我們能夠看到親鸞聖人的念佛背後所隱藏的智慧，唯圓在《歎異鈔》這篇「後序」裡，特別記錄了記憶片段中一些親鸞聖人所講過的說話：

1. 親鸞聖人說以他自己的立場而言，唯是遵從老師法然上人的教導，相信阿彌陀佛救度，除此之外，根本再沒有甚麼秘訣。年輕的親鸞聖人在追隨法然上人時曾說：「善信（親鸞聖人）信心與上人（法然上人）信心一也。」又說：「上人（法然上人）智慧，才氣高超，善信（親鸞聖人）與比固為狂妄，唯往生信心，全不相異，唯一也。」這番言論當時引起了同朋責難，爭議未果，乃請示法然上人，以裁定誰是誰非。對親鸞聖人這「唯往生信心，全不相異，唯一也」之言論，法然上人的答覆是肯定的：「源空（法然上人）信心，如來所賜，善信（親鸞聖人）信心，亦如來所賜，故是一也。別具信心之人，將往之淨土，恐非源空將往之淨土。」法然上人信心，如來所賜，親鸞聖人信心如來所賜，你我的信心亦如來所賜，故是一也！

2. 「徹於惡人」是親鸞聖人思想的核心部分。唯有清清楚楚地自覺到自己是惡人的人，才能夠承認自己是煩惱凡夫，愚劣無能，並虛心仰仗阿彌陀佛的救助的人，才可以往生極樂世界，然後才能成佛。故親鸞聖人說：「我於善惡二者，全然不知。蓋知徹如來心之所善，始能知善，知徹如來心之所惡，方知何謂之惡。」能夠虛心仰仗阿彌陀佛的救助、能接受阿彌陀佛所賜之本願念佛就行了，這才是「知徹如來心之所善」之善。

3. 親鸞聖人說：「煩惱具足凡夫，火宅無常世界，萬事皆屬空言，虛假而無真實，唯有念佛是真。」除了阿彌陀佛所賜之本願念佛以外，再沒有辦法了！相信阿彌陀佛救度，除此之外，根本再沒有甚麼秘訣。

4. 親鸞聖人又常與人分享自己的自內證：「細案彌陀五劫思惟，專為親鸞一人解救業繫之身，本願誠然可貴。」親鸞聖人的信心就是這樣單純！

到底我們要相信他力念佛，或是要放棄他力念佛，除了我們自己作判斷、自己去抉擇以外，根本一點辦法也沒有。

奧書（跋）

在斯聖教者為當流大事，於無宿善機、無左右不可許之者也。釋蓮如御判。

【他力信心解讀】：

希望所有的念佛同修，不要有人有相異於「彌陀本願」的信心，這是當前大事。

本願念佛是難得的事。然而，在這個你說我虛，我說你假的現世界當中，也希望所有的念佛同修，與那些「不知罪惡深重，不知如來恩高」的「無宿善機」的人，不要爭論不休。

第二部 《佛說阿彌陀經》

第二部：
《佛説阿彌陀經》之不可思議念佛

佛所説的最後一本經：《佛説阿彌陀經》

《佛説阿彌陀經》是佛陀所説，關於阿彌陀佛及其極樂淨土之經。

《佛説阿彌陀經》是二千五百多年前，佛陀在其一生説法的最後階段，在説完了《涅槃經》後，行將要入涅槃之際所説的最後一本經。所以，這可以説是佛陀一代時教之總結。換句話説，佛陀在這本經裡，不得不回歸其本，而總結其出世之本懷。因此儘管無人請問，佛陀還是無問自説，自行開金口，説了這部生命中最重要、最不可思議的經。

所謂「鳥之將死，其鳴也哀；人之將死，其言也善」，故佛陀在這部《佛説阿彌陀經》中，呼喚了十大弟子中智慧第一的舍利弗共三十六次，不斷地懇切叮嚀，勸修阿彌陀佛念佛法門。

依親鸞聖人之《一念多念證文》所説：「此經謂之無問自説經，是釋尊在無人請問之下，自行開口所説。此即釋尊欲彰顯出世本懷，故言無問自説也。」一般佛經，都是佛陀應某人的請問才説出來。但這部經，不待他人的請問，完全是佛

陀自行開口所說。因為佛陀將入涅槃之際，愍念眾生，悲心迫切，故不得不說出此經，令人信仰阿彌陀佛之「他力弘願」，並勸人信大悲本願的他力。因為只有獲得真實信心，才能往生淨土。佛陀為了誘導我等能獲得阿彌陀佛救度，特別清楚明白地說出只要「一日七日之一心專念阿彌陀佛名號」，即可得到阿彌陀佛所賜的無上他力信心，並從痛苦中被解救出來，獲得大慶喜，這叫做「信心決定，平生業成」。親鸞聖人曾描寫這種大慶喜說：「心不能想像，言語不能形容，只好稱之為不可思議！」又說：「不可稱，不可說，不可思議的信樂！」

《佛說阿彌陀經》的譯本

這本佛陀在行將要入涅槃之際所說的最後一本經，歷代共有三種漢譯本。而在今天，最流行的，當為鳩摩羅什所翻譯的《佛說阿彌陀經》。除此以外，還有兩個漢譯本。其一為《楞伽經》之翻譯者求那跋陀羅所譯，名《小無量壽經》，可惜現已失傳。其二則為唐玄奘法師的新譯本，名《稱讚淨土佛攝受經》，現仍流通。

鳩摩羅什重意譯，依漢語文法，言簡意賅，疏朗流暢；唐玄奘法師則是直譯，參酌原來梵文句式，精確審慎，備信達雅。兩位大師所譯，同為奇文妙思，載道傳心，俱可謂已臻化境！只要比較一下鳩摩羅什法師和玄奘法師的譯本，即可發現，鳩摩羅什所翻譯的《佛說阿彌陀經》的篇幅較短和內容較少，唐玄奘法師新譯的《稱讚淨土佛攝受經》的篇

幅較長和內容較多。這是因為鳩摩羅什法師屬於意譯，故有較多個人的刪剪。唐玄奘法師則是直譯，故精確審慎，較為忠於原文。由於鳩摩羅什法師的譯本篇幅短小，文辭流暢，所以不難理解，世間流行一般多為鳩摩羅什的譯本。然而，若要嚴謹地深入研究有關經文的義理，則宜再參照唐玄奘法師新譯本。故本書乃將世間流行的鳩摩羅什的譯本《佛說阿彌陀經》為主幹，與唐玄奘法師的新譯本《稱讚淨土佛攝受經》作對勘比照，從中補正鳩摩羅什譯本過於言簡意賅之缺失。

《佛說阿彌陀經》之不可思議念佛

《佛說阿彌陀經》主旨在於讚歎阿彌陀佛的極樂淨土，以令眾生發心求願往生；然後再敘述發大弘願救度我們往生極樂淨土的阿彌陀佛，以令我們信仰阿彌陀佛之「他力弘願」。

《佛說阿彌陀經》進而提出只要將他力的名號以自力「一日七日專心稱念」，即可令我等生死凡夫，發起無上他力信心，而變成真真正正的他力念佛者：

• 《佛說阿彌陀經》云：「若有善男子善女人，聞說阿彌陀佛，執持名號，若一日、若二日，若三日，若四日，若五日，若六日，若七日，一心不亂，其人臨命終時，阿彌陀佛，與諸聖眾，現在其前。是人終時，心不顛倒，即得往生阿彌陀佛極樂國土。」

- 《稱讚淨土佛攝受經》云：「若有淨信諸善男子或善女人，得聞如是無量壽佛無量無邊不可思議功德、名號、極樂世界功德莊嚴。聞已思惟，若一日夜，或二、或三、或四、或五、或六、或七，繫念不亂。是善男子或善女人臨命終時，無量壽佛與其無量聲聞弟子、菩薩眾俱前後圍繞，來住其前，慈悲加祐，令心不亂；既捨命已，隨佛眾會，生無量壽極樂世界清淨佛土。」

也就是說，能夠去思惟阿彌陀佛不可思議他力的功德、思惟阿彌陀佛不可思議他力的名號、思惟不可思議他力的極樂世界功德莊嚴；這樣繫念不亂一天，乃至於七天，就能夠發起無上他力信心，並從痛苦中被解救出來，獲得大慶喜，這叫做「信心決定，平生業成」。然後，臨命終的時候，由於已發起無上他力信心故，阿彌陀佛自會來「慈悲加祐，令心不亂」，並且「既捨命已，隨佛眾會，生無量壽極樂世界清淨佛土」。

由於已發起無上他力信心故，不會因為甚麼業力的關係、也不會因為甚麼病苦的關係而不能夠往生極樂世界。所以，我們根本再不需要擔心甚麼能不能往生的問題了！

《佛説阿彌陀經》念佛行

《佛説阿彌陀經》
姚秦三藏法師鳩摩羅什譯

【《稱讚淨土佛攝受經》】
【唐三藏法師玄奘奉詔譯】

敍證分

如是我聞。

一時佛在舍衛國，祇樹給孤獨園。與大比丘僧，千二百五十人俱，皆是大阿羅漢，眾所知識：長老舍利弗、摩訶目犍連、摩訶迦葉、摩訶迦旃延、摩訶俱絺羅、離婆多、周利槃陀伽、難陀、阿難陀、羅侯羅、憍梵波提、賓頭盧頗羅墮、迦留陀夷、摩訶劫賓那、薄拘羅、阿那樓馱，如是等諸大弟子。

並諸菩薩摩訶薩：文殊師利法王子、阿逸多菩薩、乾陀訶提菩薩、常精進菩薩，與如是等諸大菩薩。

及釋提桓因等，無量諸天大眾俱。

【玄奘譯本】：

如是我聞：

一時，薄伽梵在室羅筏住誓多林給孤獨園，與大苾芻眾千二百五十人俱，一切皆是尊宿聲聞眾望所識大阿羅漢，其名曰：尊者舍利子、摩訶目犍連、摩訶迦葉、阿泥律陀，如是等諸大聲聞而為上首。復與無量菩薩摩訶薩俱，一切皆住不退轉位，無量功德眾所莊嚴，其名曰：妙吉祥菩薩、無能勝菩薩、常精進菩薩、不休息菩薩，如是等諸大菩薩而為上首。復有帝釋、大梵天王、堪忍界主、護世四王，如是上首百千俱胝那庾多數諸天子眾，及餘世間無量天、人、阿素洛等，為聞法故，俱來會坐。

　【他力信心解讀】：

如是我聞。

「如是我聞」的意思是：「這部經，就是這樣地被我(阿難尊者)所聞。」

這裡強調「是這樣地」被我所聞，而絕非有所增減，更非杜撰出來。

78

一時，薄伽梵在舍衛國，祇樹給孤獨園。

佛陀入涅槃的時機已近，欲做最後的說法。這裡所指之「一時」，即佛說此經之時也。

「薄伽梵」字面意思是「世尊」，乃佛十個德號之總稱。「薄伽梵」具有自在、熾盛、端嚴、名稱、吉祥王、極尊貴等六種意義，因其含義甚多，故不翻譯，唯以音譯。中國譯經，有五不翻，此為多含義不翻。另外，「薄伽梵」有時亦作「婆伽婆」，乃譯音之異。這「薄伽梵」一語，即肯定了此經實為如來金口所說之法。

這裡所指之「在舍衛國，祇樹給孤獨園」者，即佛說此經之處。佛陀在世時波斯匿王(Prasenajit)建都於舍衛國，祇樹給孤獨園位於舍衛國之南約一里地方，此為「住處證信」。所謂「住處證信」者，就好像說但凡如來開示講經，必有其住處也。

與大比丘僧，千二百五十人俱，皆是大阿羅漢，眾所知識，其名曰：長老舍利弗、摩訶目犍連、摩訶迦葉、阿那樓馱，如是等諸大聲聞而為上首。

復與無量菩薩摩訶薩俱，一切皆住不退轉位，無量功德眾所莊嚴，其名曰：文殊師利菩薩、無能勝菩薩、常精進菩薩、不休息菩薩，如是等諸大菩薩而為上首。

復有帝釋、大梵天王、堪忍界主、護世四王等，如是上首無量諸天子眾，及餘世間諸天大眾，人，阿修羅等，為聞法故，俱來會坐。

這時候，同座的大比丘眾一千二百五十人，以大家所熟悉的長老舍利弗、摩訶目犍連、摩訶迦葉、阿那樓馱等為上首。另外，還有無量無數菩薩眾，以文殊師利菩薩、無能勝菩薩、常精進菩薩、不休息菩薩等諸大菩薩為上首。同聞此法的，還有帝釋天等無量天人，人，阿修羅等。

聞法眷屬，不離修證而說。這裡用「大比丘眾」、「菩薩眾」、及「諸天大眾、人、非人」等聞法眷屬，來象徵一切有情俱能同聞此法，並都可以藉著「相信念佛可得彌陀救度」而往生極樂世界清淨佛土。

正說分－示體相

爾時，佛告長老舍利弗：「從是西方，過十萬億佛土，有世界名曰極樂，其土有佛，號阿彌陀，今現在說法。」

「舍利弗！彼土何故名為極樂？其國眾生，無有眾苦，但受諸樂，故名極樂。」

【玄奘譯本】：

爾時，世尊告舍利子：「汝今知不？於是西方，去此世界過百千俱胝那庾多佛土，有佛世界名曰極樂。其中世尊名無量壽及無量光，如來、應、正等覺十號圓滿，今現在彼安隱住持，為諸有情宣說甚深微妙之法，令得殊勝利益安樂。」

「又，舍利子！何因何緣，彼佛世界名為極樂？舍利子！由彼界中諸有情類，無有一切身心憂苦，唯有無量清淨喜樂，是故名為極樂世界。」

【他力信心解讀】：

爾時，佛告長老舍利弗：

一般佛經，都是佛陀應某人的請問才說出來。但這部經，卻是佛陀在無人請問之下，自行開口所說。因為佛陀將入涅槃之際，愍念眾生，悲心迫切，故不得不說此經，以勸人信仰阿彌陀佛大悲本願的他力。

何以佛陀在這部經中，僅呼喚了十大弟子中智慧第一的舍利弗？蕅益大師之《彌陀要解》云：「淨土法門，三根普攝，絕待圓融，不可思議，圓收圓超一切法門，甚深難信。故特告大智慧者，非第一智慧，不能直下無疑也。」所有淨土法門，唯是信仰本願的他力，可得救往生，故

能「三根普攝」。所有念佛，都是他力的念佛，唯他力信心為要，故說「絕待圓融，不可思議」。只要獲得他力信心，即能往生極樂淨土，自然「圓收圓超一切法門」。「他力信心」可以讀作「真實信心」、「真正的心」，既然是真正的心，就不是凡夫自力的迷心，而是完完全全的、不可思議的佛心。故知他力信心是如來所賜，對於別具自力信心之凡夫來說，這確是「甚深難信」。故佛陀特別告訴十大弟子中智慧第一的舍利弗，因為若非第一智慧，實不能直下相信本願他力無疑。

「從是西方，過十萬億佛土，有佛世界名曰極樂，其土有佛，號阿彌陀，今現在彼安隱住持，為諸有情宣說甚深微妙之法，令得殊勝利益安樂。」

本經之「正說分」開始先說極樂世界及阿彌陀佛，好教我們信仰阿彌陀佛的他力救度及發願往生極樂世界，並於人生大限到來之時，能得救往生極樂世界。

「極樂」之梵語原文是須佉婆提(sukhavati)，直譯就是樂有、有樂、安樂、極樂的意思。鳩摩羅什翻譯的《佛說阿彌陀經》與唐玄奘法師的新譯本《稱讚淨土佛攝受經》，都譯之為「極樂」。另外，《大無量壽經》則譯之為「安樂」。故「極樂世界」也被稱為「安樂世界」。

「阿彌陀佛」乃梵語之音譯 (梵語原文：Amitabhah)，直譯就是無量光佛、無量壽佛(Amitayus)的意思。鳩摩羅什翻

譯的《佛說阿彌陀經》譯之為「阿彌陀佛」。唐玄奘法師的新譯本《稱讚淨土佛攝受經》則譯之為「無量光佛」、「無量壽佛」。

佛陀說在西方過十萬億佛土的彼方,有佛世界名極樂世界,其土有佛,名阿彌陀佛。阿彌陀佛是現在佛,故非過去已滅之佛,亦非未來未成之佛,所以現今正在說法。一切眾生只要「信心歡喜乃至一念」,即能被阿彌陀佛救度往生,親覲聽法,速成正覺。

為甚麼特指「西方」?這是以此娑婆世界相等的東西,來比喻阿彌陀佛的淨土境界。在這個娑婆世界,日出於東而沒於西,故東方表示物之發生,西方表示物之歸趨。阿彌陀佛既特別建設極樂世界以作為我們最後安住處,自必然以含有歸趨意義的西方來作比喻。《大無量壽經》云:「開廓廣大,超勝獨妙。」又云:「恢廓曠蕩,不可限極。」可知極樂世界根本上是絕對、不可思議的,是無邊無際、廣大無極的,故不能只限於說它在西方!一方面說無邊,一方面說西方,其實只是表示極樂世界的兩面而已!

為甚麼說從我們這個娑婆世界往西方,要經過十萬億佛土,才可到達極樂世界?這「十萬億佛土」同樣是以此娑婆世界相等的東西,來比喻阿彌陀佛不可思議的淨土境界。阿彌陀佛的他力信心念佛往生淨土雖是「成菩提易」之微妙法門,但卻又是極難說的法門。一佛土是一個

三千大千世界，從我們這個娑婆世界往西方要經過十萬億佛土才可到達極樂世界，這可比喻無藉劬勞修證的阿彌陀佛他力信心念佛法門之難說。蕅益大師在《彌陀要解》中亦云：「諸佛功德智慧，雖皆平等，而施化則有難易。淨土成菩提易，濁世難。為淨土眾生說法易，為濁世眾生難。為濁世眾生說漸法猶易，說頓法難。為濁世眾生說餘頓法猶易，說淨土橫超頓法尤難。為濁世眾生說淨土橫超頓修頓證妙觀，已自不易，說此無藉劬勞修證，但持名號，徑登不退，奇特勝妙超出思議第一方便，更為難中之難。」可知阿彌陀佛淨土法門，實實在在是「成菩提易」之微妙法門，但卻又是極難說的法門；尤其是這無藉劬勞修證、橫超頓修頓證之「但持名號」他力信心念佛法門，能夠令濁世眾生命終往生，徑登不退，任運進修，直至成佛，就更加是難說中之難說的不可思議第一方便法門了！

「又，舍利弗！彼土何故名為極樂？舍利弗！其國眾生，無有一切身心憂苦，唯有無量清淨喜樂，是故名為極樂世界。」

《彌陀要解》云：「娑婆苦樂雜：其實苦是『苦苦』，逼身心故；樂是『壞苦』，不久住故；非苦非樂是『行苦』，性遷流故。彼土（極樂世界）永離三苦，不同此土對苦之樂，乃名『極樂』。」可知我們都會怕痛苦，無不希望避開眾苦、但受諸樂。但是這種「對苦之樂」，絕非極樂世界「無量清淨喜樂」。

我們都希望避開痛苦，找到一個沒有痛苦的國度，所以佛陀說：「其國眾生，無有一切身心憂苦，唯有無量清淨喜樂，是故名為極樂世界。」讀這句經文，首先我們看到的，就是佛陀的慈悲心。因為我們會怕痛苦，故我們會去找尋無痛苦的淨土國度，因此佛陀說有一個地方名叫「極樂世界」，那裡「唯有無量清淨喜樂」！我們如果沒找到無痛苦的極樂世界的話會害怕，這樣我們便成為了凡夫；找到了就不再害怕了，不害怕便能安心，當下心安理得，此刻就過著絕對幸福生活的人，在娑婆緣盡的時候，亦能往生極樂世界，與阿彌陀佛同體，成為一個像阿彌陀佛一樣無量壽、無量光的佛，然後自由地去實踐普度眾生的事業。

何謂「無量清淨喜樂」？因為怕痛苦，故以痛苦、擔憂和掛慮，去找尋無痛苦的淨土國度，以為找到了，痛苦就沒有了。但找與不找其實都是一樣的：真如自性不生不滅、不垢不淨、不增不減。如果沒有生，就不可能有滅；如果沒有垢，就不可能有淨；如果沒有增，就不可能有減；苦和樂亦如是！佛說極樂世界就是一個「無有一切身心憂苦」的國度：如果沒有苦，就不可能有樂，不苦不樂，就是指絕對的樂；超越尋常的苦與樂，得到的就是「無量清淨喜樂」！

「又舍利弗！極樂國土，七重欄楯，七重羅網，七重行樹，皆是四寶周匝圍繞，是故彼國名為極樂。」

【玄奘譯本】：

「又，舍利子！極樂世界淨佛土中，處處皆有七重行列妙寶欄楯、七重行列寶多羅樹，及有七重妙寶羅網，周匝圍繞，四寶莊嚴－金寶、銀寶、吠琉璃寶、頗胝迦寶，妙飾間綺。舍利子！彼佛土中有如是等眾妙綺飾，功德莊嚴甚可愛樂，是故名為極樂世界。」

【他力信心解讀】：

「又，舍利弗！極樂世界淨佛土中，處處皆有七重行列妙寶欄楯、七重行列寶多羅樹、及有七重妙寶羅網，周匝圍繞，四寶莊嚴。舍利弗！彼佛土中有如是等眾妙綺飾，功德莊嚴甚可愛樂，是故名為極樂世界。」

由於阿彌陀佛的他力信心念佛往生淨土雖是「成菩提易」之微妙法門，但卻又是極難說的法門，所以佛陀唯有以此娑婆世界可思議的東西，來比喻阿彌陀佛不可思議的淨土境界。

何以說「極樂世界淨佛土中，處處皆有七重行列妙寶欄楯、七重行列寶多羅樹、及有七重妙寶羅網，周匝圍繞，四寶莊嚴」呢？《維摩詰經》云：「隨其心淨，則佛土淨。」

故知極樂世界，唯是從阿彌陀佛之自性清淨心發揮出來。而佛陀所開示一切關於極樂世界的妙境，亦皆是阿彌陀佛自性功德之顯現！所以《彌陀要解》亦云：「七重，表七科道品。四寶，表『常、樂、我、淨』四德。」這個說法，說得非常之好！甚麼「七重行列妙寶欄楯、七重行列寶多羅樹、七重妙寶羅網」，以及「四寶莊嚴」，無非都只是比喻，都是表法的。所謂「七重」者，就是代表七科道品，又稱三十七道品，乃統攝一切佛法；《大智度論》云：「三十七道品，統攝所有法門。」因這三十七條法門可分為七大類，故又稱為七科道品。而所謂「四寶」者，則是代表阿彌陀佛自性清淨，法然具足「常、樂、我、淨」涅槃四德。

一切事相背後，一定有它們的心因。所以此娑婆世界眾生既有恆河沙數之煩惱無邊，煩惱在心，則此世界自然顯現一切煩惱苦痛之事；不似阿彌陀佛自性清淨，法然具足「常、樂、我、淨」涅槃四德，故彼世界，處處七重欄楯，空中七重羅網，地下七重行樹，俱是妙寶莊嚴，皆四寶所成。

佛說：「彼佛土如是眾妙綺飾，功德莊嚴甚可愛樂，是故名為極樂世界。」能夠活在極樂世界絕對的無量光明和無量壽命當中，是人至高至美的追求。

「又舍利弗！極樂國土，有七寶池，八功德水，充滿其中，池底純以金沙布地。四邊階道，金、銀、琉璃、玻璃合成。上有樓閣，亦以金、銀、琉璃、玻璃、硨磲、赤珠、瑪瑙而嚴飾之。池中蓮花大如車輪，青色青光、黃色黃光、赤色赤光、白色白光，微妙香潔。」

「舍利弗！極樂國土，成就如是功德莊嚴。」

【玄奘譯本】：

「又，舍利子！極樂世界淨佛土中，處處皆有七妙寶池，八功德水彌滿其中。何等名為八功德水？一者澄淨，二者清冷，三者甘美，四者輕軟，五者潤澤，六者安和，七者飲時除飢渴等無量過患，八者飲已定能長養諸根四大；增益種種殊勝善根，多福眾生常樂受用。是諸寶池底布金沙，四面周匝有四階道，四寶莊嚴甚可愛樂。諸池周匝有妙寶樹，間飾行列香氣芬馥，七寶莊嚴甚可愛樂。言七寶者，一金、二銀、三吠琉璃、四頗胝迦、五赤真珠、六阿濕摩揭拉婆寶、七牟娑落揭拉婆寶。是諸池中常有種種雜色蓮華，量如車輪，青形青顯青光青影，黃形黃顯黃光黃影，赤形赤顯赤光赤影，白形白顯白光白影，四形四顯四光四影。舍利子！彼佛土中有如是等眾妙綺飾，功德莊嚴甚可愛樂，是故名為極樂世界。」

【他力信心解讀】：

「又，舍利弗！極樂世界淨佛土中，處處皆有七妙寶池，八功德水彌滿其中。何等名為八功德水？一者澄淨，二者清冷，三者甘美，四者輕軟，五者潤澤，六者安和，七者飲時除飢渴等無量過患，八者飲已定能長養諸根四大；增益種種殊勝善根，多福眾生常樂受用。是諸寶池底布金沙，四面周匝有四階道，四寶莊嚴甚可愛樂。諸池周匝有妙寶樹，間飾行列香氣芬馥，七寶莊嚴甚可愛樂。是諸池中常有種種雜色蓮華，大如車輪，青形青顯青光青影，黃形黃顯黃光黃影，赤形赤顯赤光赤影，白形白顯白光白影，四形四顯四光四影，微妙香潔。舍利弗！彼佛土中有如是等眾妙綺飾，功德莊嚴甚可愛樂，是故名為極樂世界。」

佛陀說：「極樂世界淨佛土中，處處皆有七妙寶池，八功德水彌滿其中。」這亦是以此娑婆世界可思議的東西，來比喻阿彌陀佛不可思議的淨土境界。

七寶者，金、銀、琉璃、玻璃、硨磲、赤珠、瑪瑙。這是以此娑婆世界最珍貴的東西，來比喻阿彌陀佛不可思議淨土境界的難能可貴。

池是蓮池，這是以此娑婆世界中出淤泥而不染的蓮花，來比喻阿彌陀佛淨土的離垢清淨境界。

何謂八功德水？一者，澄清。二者，清冷。三者，甘美。
四者，輕軟。五者，潤澤。六者，安和。七者，飲時除飢
渴等無量過患。八者，飲已定能長養諸根四大增益。這
就是水的八種功德相或功用。所以，八功德水者，其實
是以此娑婆世界中水的功德相，來比喻阿彌陀佛淨土的
不可思議功德莊嚴境界。

在西方極樂世界的七寶池中，皆充滿八功德水。池的四
面階道，以及亭台樓閣的建築物，皆是金銀等寶物嚴飾
起來的，這是以此娑婆世界中的極盡華貴寶物，來比喻
阿彌陀佛淨土有美皆備的大圓滿境界。

在這七寶池裡，還有「四形四顯四光四影」的蓮花。《彌陀
要解》云：「青色名優鉢羅，黃色名拘勿頭，赤色名鉢頭
摩，白色名芬陀利。由生身有光，故蓮胞亦有光。然極
樂蓮華，光色無量，此亦略言耳。微妙香潔，略歎蓮華
四德。質而非形曰微。無礙曰妙。非形則非塵，故潔也。」
這是以此娑婆世界中青色、黃色、赤色、白色等四種蓮
花的色與光交錯，以及蓮花的微妙香潔四德，來比喻阿
彌陀佛淨土境界不可思議的微妙清淨莊嚴，實在是超過
十方一切世界！

佛說：「彼佛土如是眾妙綺飾，功德莊嚴甚可愛樂，是故
名為極樂世界。」能夠活在極樂世界絕對的無量光明和無
量壽命當中，是人至高至美的追求。

「又舍利弗！彼佛國土，常作天樂。黃金為地。晝夜六時，雨天曼陀羅華。其土眾生，常以清旦，各以衣祴盛眾妙華，供養他方十萬億佛，即以食時，還到本國，飯食經行。」

「舍利弗！極樂國土，成就如是功德莊嚴。」

【玄奘譯本】：

「又，舍利子！極樂世界淨佛土中，自然常有無量無邊眾妙伎樂，音曲和雅甚可愛樂。諸有情類聞斯妙音，諸惡煩惱悉皆消滅，無量善法漸次增長，速證無上正等菩提。舍利子！彼佛土中有如是等眾妙綺飾，功德莊嚴甚可愛樂，是故名為極樂世界。」

「又，舍利子！極樂世界淨佛土中，周遍大地真金合成，其觸柔軟，香潔光明，無量無邊妙寶間飾。舍利子！彼佛土中有如是等眾妙綺飾，功德莊嚴甚可愛樂，是故名為極樂世界。」

「又，舍利子！極樂世界淨佛土中，晝夜六時常雨種種上妙天華，光澤香潔，細軟雜色，雖令見者身心適悅而不貪著，增長有情無量無數不可思議殊勝功德。彼有情類，晝夜六時常持供養無量壽佛；每晨朝時，持此天華，於一食頃，飛至他方無量世界，供養百千俱胝諸佛，於諸佛所各以百千俱胝樹花持散供養，還至

本處遊天住等。舍利子！彼佛土中有如是等眾妙綺飾，功德莊嚴甚可愛樂，是故名為極樂世界。」

【他力信心解讀】：

「又，舍利弗！極樂世界淨佛土中，自然常有無量無邊眾妙伎樂，音曲和雅甚可愛樂。諸有情類聞斯妙音，諸惡煩惱悉皆消滅，無量善法漸次增長，速證無上正等菩提。舍利弗！彼佛土中有如是等眾妙綺飾，功德莊嚴甚可愛樂，是故名為極樂世界。」

鳩摩羅什譯本只說：「彼佛國土，常作天樂。」而唐玄奘法師新譯本則詳詳細細地說明：「極樂世界淨佛土中，自然常有無量無邊眾妙伎樂，音曲和雅甚可愛樂。諸有情類聞斯妙音，諸惡煩惱悉皆消滅，無量善法漸次增長，速證無上正等菩提。」故「天樂」者，就是「無量無邊眾妙伎樂，音曲和雅甚可愛樂」。這其實是以此娑婆世界中可思惟的眾妙綺飾，來比喻阿彌陀佛淨土不可思議的「諸惡煩惱悉皆消滅，無量善法漸次增長，速證無上正等菩提」功德莊嚴甚可愛樂境界。

佛說：「彼佛土如是眾妙綺飾，功德莊嚴甚可愛樂，是故名為極樂世界。」能夠活在極樂世界絕對的無量光明和無量壽命當中，是人至高至美的追求。

「又，舍利弗！極樂世界淨佛土中，周遍大地真金合成，其觸柔軟，香潔光明，無量無邊妙寶間飾。舍利弗！彼佛土中有如是等眾妙綺飾，功德莊嚴甚可愛樂，是故名為極樂世界。」

鳩摩羅什譯本只說：「黃金為地。」而唐玄奘法師新譯本則詳細地說明：「極樂世界淨佛土中，周遍大地真金合成，其觸柔軟，香潔光明，無量無邊妙寶間飾。」這其實是以此娑婆世界中可思惟的眾妙綺飾，來比喻阿彌陀佛淨土不可思議的「香潔光明」功德莊嚴甚可愛樂境界。

佛說：「彼佛土如是眾妙綺飾，功德莊嚴甚可愛樂，是故名為極樂世界。」能夠活在極樂世界絕對的無量光明和無量壽命當中，是人至高至美的追求。

「又，舍利弗！極樂世界淨佛土中，晝夜六時常雨種種上妙天華，光澤香潔，細軟雜色，雖令見者身心適悅而不貪著，增長有情無量無數不可思議殊勝功德。彼有情類，晝夜六時常持供養阿彌陀佛；每晨朝時，持此天華，於一食頃，飛至他方無量世界，供養十萬億佛諸佛，於諸佛所各以十萬億樹花持散供養，即以食時，還到本國，飯食經行。舍利弗！彼佛土中有如是等眾妙綺飾，功德莊嚴甚可愛樂，是故名為極樂世界。」

鳩摩羅什譯本說：「晝夜六時，雨天曼陀羅華。」而唐玄奘法師新譯本則詳細地說明：「極樂世界淨佛土中，晝夜

六時常雨種種上妙天華，光澤香潔，細軟雜色，雖令見者身心適悅而不貪著，增長有情無量無數不可思議殊勝功德。」故「天曼陀羅華」者，就是光澤香潔，細軟雜色的「上妙天華」。同樣地，這是以此娑婆世界中眾生能夠思惟想像到的「上妙天華」，來比喻阿彌陀佛淨土不可思議的「雖令見者身心適悅而不貪著，增長有情無量無數不可思議殊勝功德」之功德莊嚴甚可愛樂境界。

鳩摩羅什譯本又繼續說：「其土眾生，常以清旦，各以衣裓盛眾妙華，供養他方十萬億佛，即以食時，還到本國，飯食經行。」而唐玄奘法師新譯本則說：「彼有情類，晝夜六時常持供養無量壽佛；每晨朝時，持此天華，於一食頃，飛至他方無量世界，供養百千俱胝諸佛，於諸佛所各以百千俱胝樹花持散供養，還至本處遊天住等。」《彌陀要解》云：「常作者，即六時也。……日分初、中、後，名晝三時。夜分初、中、後，名夜三時。故云晝夜六時。」唐玄奘法師新譯本將「彼有情類，晝夜六時常持供養無量壽佛」與「每晨朝時，持此天華，於一食頃，飛至他方無量世界，供養百千俱胝諸佛」並舉，可見「供養無量壽佛」無礙「供養諸佛」；生極樂則功德甚深，故「極樂世界」與「他方無量世界」根本隔而不隔。《彌陀要解》又云：「此文顯極樂一聲、一塵、一剎那，乃至跨步彈指，悉與十方三寶貫徹無礙。」所以，這其實是以此娑婆世界中可思惟的「於一食頃，飛至他方無量世界」，來比喻實無可勝阿彌陀佛淨土不可思議之功德者。這與《歎異鈔》所說的「相

信本願，不須其他善行，因無可勝念佛之善故」，正好是異曲同工。

佛說：「彼佛土如是眾妙綺飾，功德莊嚴甚可愛樂，是故名為極樂世界。」能夠活在極樂世界絕對的無量光明和無量壽命當中，是人至高至美的追求。

「復次舍利弗！彼國常有種種奇妙雜色之鳥：白鶴、孔雀、鸚鵡、舍利、迦陵頻伽、共命之鳥。是諸眾鳥，晝夜六時，出和雅音。其音演暢五根、五力、七菩提分、八聖道分，如是等法。其土眾生，聞是音已，皆悉念佛、念法、念僧。」

「舍利弗！汝勿謂此鳥，實是罪報所生，所以者何？彼佛國土，無三惡道。」

「舍利弗！其佛國土，尚無惡道之名，何況有實。是諸眾鳥，皆是阿彌陀佛，欲令法音宣流，變化所作。」

【玄奘譯本】：

「又，舍利子！極樂世界淨佛土中，常有種種奇妙可愛雜色眾鳥，所謂：鵝雁、鶖鷺、鴻鶴、孔雀、鸚鵡、羯羅頻迦、命命鳥等。如是眾鳥，晝夜六時恆共集會，出和雅聲，隨其類音宣揚妙法，所謂：甚深念住、正

斷、神足、根、力、覺、道支等無量妙法。彼土眾生聞是聲已，各得念佛、念法、念僧無量功德熏修其身。汝舍利子，於意云何？彼土眾鳥豈是傍生惡趣攝耶？勿作是見。所以者何？彼佛淨土無三惡道，尚不聞有三惡趣名，何況有實罪業所招傍生！眾鳥當知皆是無量壽佛變化所作，令其宣暢無量法音，作諸有情利益安樂。舍利子！彼佛土中有如是等眾妙綺飾，功德莊嚴甚可愛樂，是故名為極樂世界。」

【他力信心解讀】：

「又，舍利弗！極樂世界淨佛土中，常有種種奇妙可愛雜色眾鳥，所謂：白鶴、孔雀、鸚鵡、舍利、迦陵頻伽、共命之鳥。是諸眾鳥，晝夜六時，出和雅音。其音演暢五根、五力、七菩提分、八聖道分，如是等法。其土眾生，聞是音已，各得念佛、念法、念僧無量功德熏修其身。舍利弗！汝勿謂此鳥，實是罪報所生，所以者何？彼佛國土，無三惡道！是諸眾鳥，皆是阿彌陀佛，欲令法音宣流，變化所作。舍利弗！彼佛土中有如是等眾妙綺飾，功德莊嚴甚可愛樂，是故名為極樂世界。」

「眾生本來成佛！」這是一切生命內在的真理。阿彌陀佛之所以特別建設極樂世界，並許下諾言接引我們到極樂世界，以作為我們往生安住之處，就是要向我們證實這一點。所以，極樂世界有許多事物，可以引領我們通往這內在

的不可思議真理。例如「極樂世界淨佛土中，常有種種奇妙可愛雜色眾鳥，⋯⋯晝夜六時，出和雅音。其音演暢五根、五力、七菩提分、八聖道分，如是等法」。它們都不斷地在唱出和雅之音，教我們完全體驗（知性）、完全瞭解（理性）、完全感受（感性），從而完全覺知（悟性）五根、五力、七菩提分、八聖道分，如是等如來妙法。藉此引領我們通往「本來成佛」這內在的不可思議真理。

所以在某種意義上，極樂世界外在的一切事物，都不過是提示、是路標。故佛陀才說：「眾鳥當知皆是無量壽佛變化所作，令其宣暢無量法音，作諸有情利益安樂。」這極樂世界外在的一切事物，嚴格來說，無非都是阿彌陀佛設計來為我們提供一個外緣（外在客觀條件）。在這外緣中，我們內在的圓滿具足之不可思議自性清淨種子，創造著我們外在的極樂世界的體驗。而當我們在體驗、瞭解、感受到這極樂世界外在的一切完美事物時，我們的覺知就經由這份體驗、瞭解、感受完成了。極樂世界，原來竟是一個完美的地方，從中可以產生覺知，通過對自己完全的覺知，讓我們領悟「本來成佛」這個生命內在的真理，我們便與阿彌陀佛同體。

佛說：「彼佛土如是眾妙綺飾，功德莊嚴甚可愛樂，是故名為極樂世界。」能夠活在極樂世界絕對的無量光明和無量壽命當中，是人至高至美的追求。

「舍利弗！彼佛國土，微風吹動諸寶行樹，及寶羅網，出微妙音，譬如百千種樂，同時俱作。聞是音者，自然皆生念佛、念法、念僧之心。」

「舍利弗！其佛國土，成就如是功德莊嚴。」

【玄奘譯本】：

「又，舍利子！極樂世界淨佛土中，常有妙風吹諸寶樹及寶羅網出微妙音。譬如百千俱胝天樂同時俱作，出微妙聲甚可愛玩；如是彼土常有妙風吹眾寶樹及寶羅網，擊出種種微妙音聲說種種法。彼土眾生聞是聲己，起佛、法、僧念作意等無量功德。舍利子！彼佛土中有如是等眾妙綺飾，功德莊嚴甚可愛樂，是故名為極樂世界。」

「又，舍利子！極樂世界淨佛土中，有如是等無量無邊不可思議甚希有事。假使經於百千俱胝那庾多劫，以其無量百千俱胝那庾多舌，一一舌上出無量聲讚其功德亦不能盡，是故名為極樂世界。」

　【他力信心解讀】：

「又，舍利弗！極樂世界淨佛土中，常有微風吹動諸寶行樹，及寶羅網，出微妙音，譬如百千種樂，同時俱作。聞是音者，自然皆生起佛、法、僧念作意等無量

功德。舍利子！彼佛土中有如是等眾妙綺飾，功德莊
嚴甚可愛樂，是故名為極樂世界。」

極樂世界，是一個完美的地方。極樂世界外在的一切事
物，都不過是提示、是路標，引領我們覺知自己內在的
不可思議，充分感受到自己真正是與阿彌陀佛同體，領
悟「本來成佛」這個生命內在的真理。這是對極樂世界真
相精采易懂的解釋。

佛說：「極樂世界淨佛土中，常有微風吹動諸寶行樹，及
寶羅網，出微妙音，譬如百千種樂，同時俱作。聞是音
者，自然皆生起佛、法、僧念作意等無量功德」。極樂世
界中常有微風吹動諸寶行樹及寶羅網，不斷地在發出微
妙法音，教我們完全體驗（知性）、完全瞭解（理性）、完
全感受（感性），從而完全覺知（悟性）「佛、法、僧念作
意等無量功德」（「作意」就是我們的起心動念的，主動的
心）。換句話說，藉此微妙法音，引領我們主動地起心動
念，一直不離佛、法、僧；聽到極樂世界這種微妙法音，
我們都自然而然地興起與念佛、念法、念僧等感念三寶
恩德之心。故《彌陀要解》亦云：「令聞者念三寶，發菩提
心，伏滅煩惱也。灼見慈威不可思議，故念佛。法喜入
心，法味充足，故念法。同聞共稟，一心修證，故念僧。」

佛說：「彼佛土如是眾妙綺飾，功德莊嚴甚可愛樂，是故
名為極樂世界。」能夠活在極樂世界絕對的無量光明和無
量壽命當中，是人至高至美的追求。

「又，舍利子！極樂世界淨佛土中，有如是等無量無邊不可思議甚希有事。假使經於十萬億劫，以其十萬億舌，一一舌上出無量聲讚其功德亦不能盡，是故名為極樂世界。」

關於淨土的「眾妙綺飾，功德莊嚴」大體如此。《彌陀要解》亦云：「重重結示，令深信一切莊嚴，皆導師（阿彌陀佛）願行所成，種智所現。」不過若要再進一步深入議論「如是等無量無邊不可思議甚希有事」之功德，這是我們還在迷中之凡夫所不能窺知其究竟的事。所以佛陀說：「假使經於十萬億劫，以其十萬億舌，一一舌上出無量聲讚其功德亦不能盡，是故名為極樂世界。」

阿彌陀佛特別建設「有如是等無量無邊不可思議甚希有事」極樂世界，定為我們最後安住處，我等還在迷中之凡夫固不能窺知其究竟，所以只有信仰從極樂世界不斷傳來的彌陀慈父悲切的呼喚聲而已！故《歎異鈔》云：「相信依賴阿彌陀佛不可思議之本願，可得救往生，而念佛之心生起時，即已獲攝取不捨之利益。彌陀本願不擇老少善惡，唯信心為要，誓願本為罪惡深重，煩惱熾盛之眾生所立。相信本願，不須其他善行，因無可勝念佛之善故。惡亦非可懼，無可礙本願之惡故也云云。」又云：「相信『任由彌陀大悲大願之不思議救度，則可出離生死』，而心想『念佛乃如來意圖』則毫無自己意謀挾雜，故亦本願相應，得以往生真實報土。」

「舍利弗！於汝意云何？彼佛何故號阿彌陀？」

「舍利弗！彼佛光明無量，照十方國，無所障礙，是故號為阿彌陀。」

「又舍利弗！彼佛壽命，及其人民，無量無邊阿僧祇劫，故名阿彌陀。」

「舍利弗！阿彌陀佛成佛已來，於今十劫。」

「又舍利弗！彼佛有無量無邊聲聞弟子，皆阿羅漢，非是算數之所能知。諸菩薩眾，亦復如是。」

「舍利弗！彼佛國土，成就如是功德莊嚴。」

【玄奘譯本】：

「又，舍利子！極樂世界淨佛土中，佛有何緣名無量壽？舍利子！由彼如來及諸有情，壽命無量無數大劫；由是緣故，彼土如來名無量壽。舍利子！無量壽佛證得阿耨多羅三藐三菩提已來經十大劫。舍利子！何緣彼佛名無量光？舍利子！由彼如來恆放無量無邊妙光，遍照一切十方佛土，施作佛事無有障礙；由是緣故，彼土如來名無量光。舍利子！彼佛淨土成就如是功德莊嚴甚可愛樂，是故名為極樂世界。」

【他力信心解讀】：

「又，舍利弗！極樂世界淨佛土中，佛有何緣名阿彌陀（無量壽）？舍利弗！由彼如來及諸有情，壽命無量無數大劫；由是緣故，彼土如來名阿彌陀（無量壽）佛。舍利弗！阿彌陀佛證得阿耨多羅三藐三菩提已來經十大劫。舍利弗！何緣彼佛名阿彌陀（無量光）？舍利子！由彼如來恆放無量無邊妙光，遍照一切十方佛土，施作佛事無有障礙；由是緣故，彼土如來名阿彌陀（無量光）佛。舍利子！彼佛淨土成就如是功德莊嚴甚可愛樂，是故名為極樂世界。」

「阿彌陀佛」乃梵語之音譯（梵語原文：Amitabhah），直譯就是無量光佛、無量壽佛(Amitayus)的意思。鳩摩羅什翻譯的《佛說阿彌陀經》譯之為「阿彌陀佛」。唐玄奘法師的新譯本《稱讚淨土佛攝受經》則譯之為「無量光佛」、「無量壽佛」。但不論是音譯或直譯，意義上絕對都是一樣。

極樂世界中，彼佛何故名為阿彌陀佛？《淨土和讚》云：「為哀憐十方微塵世界念佛眾生（信心決定的人），攝取不捨，故名阿彌陀佛。」阿彌陀佛名號，實為「哀憐十方微塵世界念佛眾生，攝取不捨」而成就。《大無量壽經》云：「諸有眾生，聞其名號，信心歡喜，乃至一念，至心迴向，願生彼國，即得往生，住不退轉。」僅只一心相信、一念讚揚阿彌陀佛名號，即被阿彌陀佛救度而得大安心，大滿足的絕對幸福了！

親鸞聖人於《教行信證》曾敘述阿彌陀佛在完成「名號不可思議」時的狀態云：「三業所修，一念一剎那，無不清淨，無不真心。如來以清淨真心，成就圓融無礙，不可思議，不可稱，不可說至德。」故說阿彌陀佛名號，實在具足「圓融無礙，不可思議，不可稱，不可說」之無上甚深功德。所以，相信的心與救度的力量，都收藏在其中。

這「阿彌陀佛」名號之無上功德，既是不能想像的（不可思議）、無法以言語表達（不可稱）、無法說明（不可說），如何能夠教眾生明白呢？《彌陀要解》云：「本師以光、壽二義，收盡一切無量。光則橫遍十方，壽則豎窮三際。橫豎交徹，即法界體。舉此體作彌陀身土，亦即舉此體作彌陀名號。」佛陀為了讓眾生明白，總括了「阿彌陀佛」名號之無上功德成為「無量光」、「無量壽」兩大功德。

經中所說「由彼如來恆放無量無邊妙光，遍照一切十方佛土，施作佛事無有障礙」，就是光明無量遍滿十方無處不屆，打破苦之根源（無明），無可妨礙地將黑暗的心變成光明的心的力量；光照貪慾之心，使之成為清淨之心的力量；光照瞋恚之心，使之成為喜悅之心的力量；光照愚癡之心，使之成為妙智慧之心的力量；救度十方微塵世界念佛眾生（信心決定的人）成為大安心之身的絕對力量。

經中所說「彼如來及諸有情，壽命無量無數大劫」及「阿彌陀佛證得阿耨多羅三藐三菩提已來經十大劫」就是超

越過去世、此世、未來世,永遠不被遮斷,滿足一切願望,賜給無與倫比的絕對幸福的力量;救度十方微塵世界念佛眾生(信心決定的人)成為大滿足之身的絕對力量。

光明無量、壽命無量的阿彌陀佛,成佛以來已經十劫,在這悠久無疆的十劫裡,阿彌陀佛常以憐愍眾生的心,迫切地等待一切眾生往生。

佛不斷懇切叮嚀,勸我們要修阿彌陀佛他力念佛法門。所以佛在此又再一次重申說:「彼佛淨土成就如是功德莊嚴甚可愛樂,是故名為極樂世界。」能夠活在極樂世界絕對的無量光明和無量壽命當中,是人至高至美的追求。

「又舍利弗!極樂國土,眾生生者,皆是阿鞞跋致,其中多有一生補處,其數甚多,非是算數所能知之,但可以無量無邊阿僧祇說。」

【玄奘譯本】:

「又,舍利子!極樂世界淨佛土中,無量壽佛常有無量聲聞弟子,一切皆是大阿羅漢,具足種種微妙功德,其量無邊不可稱數。舍利子!彼佛淨土成就如是功德莊嚴甚可愛樂,是故名為極樂世界。」

「又,舍利子!極樂世界淨佛土中,無量壽佛常有無量菩薩弟子,一切皆是一生所繫,具足種種微妙功德,

其量無邊不可稱數，假使經於無數量劫讚其功德終不能盡。舍利子！彼佛土中成就如是功德莊嚴甚可愛樂，是故名為極樂世界。」

「又，舍利子！若諸有情生彼土者皆不退轉，必不復墮諸險惡趣、邊地下賤蔑戾車中，常遊諸佛清淨國土，殊勝行願念念增進，決定當證阿耨多羅三藐三菩提。舍利子！彼佛土中成就如是功德莊嚴甚可愛樂，是故名為極樂世界。」

【他力信心解讀】：

「又，舍利弗！極樂世界淨佛土中，阿彌陀佛常有無量聲聞弟子，一切皆是大阿羅漢，具足種種微妙功德，其量無邊不可稱數。舍利弗！彼佛淨土成就如是功德莊嚴甚可愛樂，是故名為極樂世界。」

此文讚歎極樂世界淨佛土中的聖眾之一，即具足種種微妙功德的無量聲聞弟子，一切皆是大阿羅漢。淨土的聖者，就是這樣殊勝美好！

佛又重申說：「彼佛淨土成就如是功德莊嚴甚可愛樂，是故名為極樂世界。」唯有相信阿彌陀佛，才能夠活在極樂世界絕對的無量光明和無量壽命當中，並常親近具足種種微妙功德的無量大阿羅漢，才能獲得無上的、絕對幸福的生活。這才是人至高至美的追求。

「又，舍利弗！極樂世界淨佛土中，阿彌陀佛常有無量菩薩弟子，一切皆是一生所繫，具足種種微妙功德，其量無邊不可稱數，假使經於無數量劫讚其功德終不能盡。舍利弗！彼佛土中成就如是功德莊嚴甚可愛樂，是故名為極樂世界。」

此文讚歎極樂世界淨佛土中的聖眾之二，即具足種種微妙功德的無量菩薩弟子，一切皆是一生所繫。所謂一生所繫者，就是指僅此一生；因為凡能往生極樂世界的，人人皆是一生成佛。淨土的聖者，就是這樣殊勝美好！唐朝武則天年代，天竺三藏法師實叉難陀所翻譯之《大乘入楞伽經》又云：「十方諸剎土、眾生菩薩中，一切法報身，化身及變化，皆由無量壽，極樂界中出。」簡單來說，十方一切諸佛，全部都是從阿彌陀佛淨土出現的，如此則三世諸佛顯然都是與阿彌陀佛同是一體。

佛又重申說：「彼佛淨土成就如是功德莊嚴甚可愛樂，是故名為極樂世界。」唯有相信阿彌陀佛，才能夠活在極樂世界絕對的無量光明和無量壽命當中，並常親近具足種種微妙功德的無量大菩薩，才能獲得無上的、絕對幸福的生活。這才是人至高至美的追求。

「又，舍利弗！若諸有情生彼土者皆不退轉，必不復墮諸險惡趣、邊地下賤蔑戾車中，常遊諸佛清淨國土，殊勝行願念念增進，決定當證阿耨多羅三藐三菩提。

舍利弗！彼佛土中成就如是功德莊嚴甚可愛樂，是故名為極樂世界。」

此文舉出他力念佛眾生，既被阿彌陀佛的光明攝取不捨，必定往生極樂世界，現生皆得不退轉，不再復墮諸險惡趣及淨土邊地，皆悉住於正定之聚。簡單來說，就是不再從決定往生退下來的意思。所以，得不退轉，住於正定之聚，根本是現生上的事。正如龍樹菩薩說：「即時入必定。」於獲取他力信心之一念，便即時入正定之聚，現生即得不退轉，永久不變了！在娑婆緣盡的時候，更能往生彌陀極樂世界淨土，與阿彌陀佛同體，然後自由地「常遊諸佛清淨國土，殊勝行願念念增進，決定當證阿耨多羅三藐三菩提」，成為一個像阿彌陀佛一樣無量壽、無量光的佛。

佛又重申說：「彼佛淨土成就如是功德莊嚴甚可愛樂，是故名為極樂世界。」唯有相信阿彌陀佛，才能夠活在極樂世界絕對的無量光明和無量壽命當中，並常親近具足種種微妙功德的無量大阿羅漢、無量大菩薩，常遊諸佛清淨國土，殊勝行願念念增進，才能急速成佛，並以大慈大悲之心，如願利益眾生。這才是人至高至美的追求。

「舍利弗！眾生聞者，應當發願，願生彼國，所以者何？得與如是諸上善人俱會一處。」

「舍利弗！不可以少善根福德因緣，得生彼國。」

【玄奘譯本】：

「又，舍利子！若諸有情聞彼西方無量壽佛清淨佛土無量功德眾所莊嚴，皆應發願生彼佛土。所以者何？若生彼土，得與如是無量功德眾所莊嚴諸大士等同一集會，受用如是無量功德眾所莊嚴清淨佛土，大乘法樂常無退轉，無量行願念念增進，速證無上正等菩提。故，舍利子！生彼佛土諸有情類成就無量無邊功德，非少善根諸有情類當得往生無量壽佛極樂世界清淨佛土。」

【他力信心解讀】：

「又，舍利弗！眾生聞彼無量功德眾所莊嚴極樂世界淨佛土，皆應發願生彼佛土。所以者何？若生彼土，得與如是無量功德諸上善人俱會一處，受用如是無量功德眾所莊嚴清淨佛土，大乘法樂常無退轉，無量行願念念增進，速證無上正等菩提。故，舍利弗！非少善根眾生當得往生彼極樂世界清淨佛土。」

人人都在求幸福。然而幸福也有兩種，就是相對的幸福與絕對的幸福。相對幸福是甚麼呢？世間的健康、財富、愛情、與社會地位等，就是相對幸福。相對幸福背後總有一個不安心揮之不去，如影隨形。因為這些幸福都是來也匆匆、去也匆匆，是無常的；更甚者，我們本身也是來也匆匆、去也匆匆，是無常的。因為我們都會死亡，

世間的幸福必然都是相對的了。是以佛陀說:「眾生聞彼無量功德眾所莊嚴極樂世界淨佛土,皆應發願生彼佛土。」這個「發願生彼佛土」是包括在他力信心之中的一種心情。他力信心是往生之因。唯有於獲取他力信心之一念後,自然法爾地入正定之聚,現生得不退轉,永久不變,並且從此刻起,用報謝佛恩來作他力念佛,這才可稱為絕對幸福的生活。都已經信心決定了,在娑婆緣盡的時候,自然能往生彌陀極樂世界淨土,與阿彌陀佛同體,然後自由地「得與如是無量功德諸上善人俱會一處,受用如是無量功德眾所莊嚴清淨佛土,大乘法樂常無退轉,無量行願念念增進,速證無上正等菩提」,成為一個像阿彌陀佛一樣無量壽、無量光的佛,這才是絕對的幸福、人生終極的目的!

這裡需要稍加討論何謂真正「往生之因」。從表面看經文,佛陀既宣說「應發願生彼佛土」,則該視「發願」為往生之因。但若就經文加以深入探討,這個「發願生彼佛土」乃是包括在他力信心之中的一種心情。他力信心既是往生之因,則「發願生彼佛土」當然不能不說也是往生之因。因此就概略而說,佛陀好像在把「發願」視為與「他力信心」不同的往生之因;但就深義而言,「發願」既是包括在他力信心之中的一種心情,則兩者其實並不互相矛盾。親鸞聖人也曾說過「他力三信」。在當中,「至心」是他力三信之一,就是全無虛妄的至誠心;「信樂」是他力三信之二,就是無疑之信、歡喜愛樂之心,「欲生」是他力三信之三,就是發願往生淨土之心。這他力三信,完全是

如來的真實心、智慧心、慈悲心，絕非凡夫不成之迷心。既然如此，我們凡夫之所以能夠生起「至心、信樂、欲生」之真實念佛心，唯是阿彌陀佛所恩賜，故佛陀才說：「非少善根眾生當得往生彼極樂世界清淨佛土。」

總之，念佛唯是因為自己已經被阿彌陀佛救到淨土了。自己成為一個真信淨土確實存在的人，所以唯是感恩而念佛（他力念佛），並把一切往生淨土之事任由阿彌陀佛安排就行了！

正說分－合明宗用

「舍利弗！若有善男子善女人，聞說阿彌陀佛，執持名號，若一日、若二日，若三日，若四日，若五日，若六日、若七日，一心不亂，其人臨命終時，阿彌陀佛，與諸聖眾，現在其前。是人終時，心不顛倒，即得往生阿彌陀佛極樂國土。」

【玄奘譯本】：

「又，舍利子！若有淨信諸善男子或善女人，得聞如是無量壽佛無量無邊不可思議功德名號、極樂世界功德莊嚴，聞已思惟，若一日夜，或二、或三、或四、或五、或六、或七，繫念不亂。是善男子或善女人臨命終時，無量壽佛與其無量聲聞弟子、菩薩眾俱前後圍繞，來住其前，慈悲加祐，令心不亂；既捨命已，隨佛

眾會，生無量壽極樂世界清淨佛土。」

【他力信心解讀】：

「又，舍利弗！若有淨信諸善男子或善女人，得聞如是阿彌陀佛無量無邊不可思議功德名號、極樂世界功德莊嚴，聞已思惟，若一日夜，或二、或三、或四、或五、或六、或七，繫念不亂。是善男子或善女人臨命終時，阿彌陀佛與其無量聲聞弟子、菩薩眾俱前後圍繞，來住其前，慈悲加祐，令心不亂；既捨命已，隨佛眾會生阿彌陀佛極樂世界清淨佛土。」

前文既說「非少善根眾生當得往生彼極樂世界清淨佛土」，以令「眾生聞彼無量功德眾所莊嚴極樂世界淨佛土，皆應發願生彼佛土」。此文則勸勵眾已發願往生者，除了他力信心所生起的他力念佛以外，再沒有其他往生之因了。是他力念佛者，「臨命終時，阿彌陀佛與其無量聲聞弟子、菩薩眾俱前後圍繞，來住其前，慈悲加祐，令心不亂；既捨命已，隨佛眾會生阿彌陀佛極樂世界清淨佛土」。這樣臨終之時必蒙佛的來迎，接引至淨土，就是他力念佛的正果。

這裡需要先就「非少善根眾生當得往生彼極樂世界清淨佛土」再作討論。佛陀說：「非少善根眾生當得往生彼極樂世界清淨佛土。」根據善導大師的《法事讚》所說，「少善根」就是指「隨緣雜善」。而親鸞聖人在《唯信鈔文意》

中便加以發揮説：「隨緣是眾生各隨己緣，修種種善根，將之迴向極樂，也就是八萬四千門。」依此解釋，少善根就是各人隨自己意，修自己喜歡的行，以藉此善根功德往生極樂世界。從佛陀所説「非少善根眾生當得往生彼極樂世界清淨佛土」，這樣的「少善根」，是斷定不能往生的！這與《歎異鈔》所説「蓋自力作善者，缺乏他力唯賴之信心，並非彌陀本願」，實在是異曲同工。《歎異鈔》繼續又説：「然若改其自力之心，相信他力亦得往生真實報土。」有些人因為不信他力不可思議，便夾雜著自己意謀，生起執著於己意之自力作善。這些人雖然迷途了，若能經由正確的認識阿彌陀佛之極樂世界、阿彌陀佛之名號、以及阿彌陀佛他力信心之不可思議，及「聞已思惟，若一日夜，或二、或三、或四、或五、或六、或七，繫念不亂」，則人人都可以丟棄錯誤的自力作善想法，從此進入信心海，成為住於阿彌陀佛慈悲懷中之身，此即所謂信心決定；從此唯是為報謝佛恩而念佛，必定可得往生真實報土。

依照「少善根」以上這種解釋（就是各人隨自己意，修自己喜歡的行），親鸞聖人更提出了三種念佛之説。

第一，萬行隨一之念佛：

認為念佛亦只不過是跟孝順父母、關懷別人、六度萬行等同程度的好事而已的念佛。這是「執著於己意之自力念佛」的第一種。

第二，超過萬行之念佛：

認為念佛的功德超過任何善行的念佛。雖然已比萬行隨一之念佛優勝，但這仍然只是「執著於己意之自力念佛」的一種。

第三，自然法爾之念佛：

是信心決定者為報謝佛恩而作的念佛。這才是真正的、唯一的「他力念佛」。

「萬行隨一之念佛」和「超過萬行之念佛」，就是所謂「執著於己意之自力念佛」；而「自然法爾之念佛」，就是「他力念佛」。親鸞聖人把信心決定、自力念佛、他力念佛的關係說得很清楚：「信前都是自力念佛，信後皆是他力念佛。」這就是說凡是信心決定者，都一定會念佛（他力念佛）！可是不能說凡是念佛者，都已經信心決定了。

人人都可以「相信他力」。只要透過正確的認識阿彌陀佛之極樂世界、阿彌陀佛之名號、以及阿彌陀佛他力信心之不可思議，並透過「聞已思惟，若一日夜，或二、或三、或四、或五、或六、或七，繫念不亂」，即可以擺脫多餘的自力念佛想法，獲得阿彌陀佛所賜之他力信心。這「繫念不亂」就是心堅牢，不想餘事，只信阿彌陀佛一佛，也就是前文所說「他力三信」中的「信樂」心（是他力三信之二）。簡單來說，就是無疑之信、歡喜愛樂之心。

至於佛說「若一日夜，或二、或三、或四、或五、或六、或七」是甚麼意思呢？這就是說，能夠去思惟阿彌陀佛不可思議的功德、思惟阿彌陀佛不可思議的名號、思惟不可思議的極樂世界功德莊嚴；這樣思惟繫念佛若一天若七天，多少沒有關係，只要達到繫念不亂，就能夠獲得阿彌陀佛所賜的一個堅牢，不想餘事的他力信心。這他力信心自會促成自然法爾的念佛，然後臨命終的時候，佛會來「慈悲加祐，令心不亂」，並且「既捨命已，隨佛眾會，生無量壽極樂世界清淨佛土」。不會因為甚麼業力的關係、也不會因為甚麼病苦的關係而不能夠往生極樂世界。所以，根本不需要擔心能不能往生的問題，這能令我們達到高尚的「死也自在」精神境界，對死之看法由恐懼心轉化為平常心。這就是阿彌陀佛「他力念佛」解脫之道，是當下體證「死也自在」之無上解脫之道：當下死也心安理得，不害怕不能往生才能自在安心，自然能夠「既捨命已，隨佛眾會，生無量壽極樂世界清淨佛土」了。

這個「聞已思惟，若一日夜，或二、或三、或四、或五、或六、或七」，就能成就「繫念不亂」的妙理，《歎異鈔》稱之為「一向專修之人，唯有一度迴心」。《歎異鈔》云：「一向專修之人，唯有一度迴心。平日不知本願他力之人，因彌陀賜以智慧，覺知『平日之心不得往生』，乃翻本心相信本願，是為迴心。⋯⋯信心一經決定，一切依賴彌陀安排，無須自己操心。如有惡行，愈應仰賴願力，柔和忍辱之心自然順理而生。往生無須賢巧，萬事彌陀是賴。常念佛恩深重，念佛心口自開，無心自然，方是他力。」

《歎異鈔》所說的「唯有一度迴心」告訴我們，只要我們一生有一次對往生極樂淨土成佛，真正再無任何疑心，這樣即成為信心決定之人，即能被救而得大安心、大滿足的永遠的絕對幸福。故知，《歎異鈔》所說的「一向專修之人，唯有一度迴心」，正好就是佛陀所說「聞已思惟，若一日夜，或二、或三、或四、或五、或六、或七，繫念不亂」這一句的一個最佳解釋。

只要我們一生有一次對往生極樂淨土成佛，真正繫念不亂，成為信心決定之人，自然便不用再執住甚麼「希望」往生與「期待」於極樂淨土成佛了，同時亦會放棄了甚麼「平日之心不得往生」之恐懼，把一切任由阿彌陀佛安排，這樣才能讓自己不取不捨，自然地如實自在！當我們面對迷妄，只要「常念佛恩深重，念佛心口自開」，自然會把一切任由阿彌陀佛安排，這樣即能做到安心直接進入迷妄，並讓自己在這迷妄當下如實自在了。這就是如何讓迷妄變成為「無心自然」之他力念佛生活之道，更是「臨命終時，阿彌陀佛與其無量聲聞弟子、菩薩眾俱前後圍繞，來住其前，慈悲加祐，令心不亂」的道理所在。所以我們根本不用擔心臨命終時，有沒有一心不亂的功夫，因為阿彌陀佛自會以祂的威神力來慈悲加持庇祐我們，讓我們心不散亂；更不用擔心臨命終時，因病魔絞纏、業力遮障，無法心不顛倒的問題，阿彌陀佛一定會來攝受、會來接引我們的！

「舍利弗！我見是利，故說此言。若有眾生，聞是說者，應當發願，生彼國土。」

【玄奘譯本】：

「又，舍利子！我觀如是利益安樂大事因緣，說誠諦語。若有淨信諸善男子或善女人，得聞如是無量壽佛不可思議功德名號、極樂世界淨佛土者，一切皆應信受發願，如說修行，生彼佛土。」

【他力信心解讀】：

「又，舍利弗！我觀如是利益安樂大事因緣，故說此誠實言。若有淨信諸善男子或善女人，得聞如是阿彌陀佛不可思議功德名號、極樂世界淨佛土者，一切皆應信受發願，生彼佛土。」

請大家仔細想想看，過去無量劫中，我們都經歷了無量生死。但是每一次都為欲而死，為怒而死，為愚癡丟掉生命，從來「缺乏他力唯賴之信心」，因此在長時間不斷遭受痛苦，沒有安寧的一天。這次難得「得聞如是阿彌陀佛不可思議功德名號、極樂世界淨佛土者」，便該好好「信受發願，生彼佛土（彌陀淨土）」，僅只信心歡喜一念、即能被救而得大安心、大滿足的永遠的絕對幸福。《大無量壽經》亦云：「諸有眾生，聞其名號，信心歡喜，乃至一念，至心迴向，願生彼國，即得往生，住不退轉。」當信心歡喜之時就能往生，故知不是死了才往生極樂，而是生平之時就能更生為大安心、大滿足之心。

「舍利弗！如我今者，讚歎阿彌陀佛，不可思議功德之利。東方亦有阿　鞞佛、須彌相佛、大須彌佛、須彌光佛、妙音佛，如是等恆河沙數諸佛，各於其國，出廣長舌相，遍覆三千大千世界，說誠實言：『汝等眾生，當信是稱讚不可思議功德一切諸佛所護念經。』」

「舍利弗！南方世界，有日月燈佛、名聞光佛、大焰肩佛、須彌燈佛、無量精進佛，如是等恆河沙數諸佛，各於其國，出廣長舌相，遍覆三千大千世界，說誠實言：『汝等眾生，當信是稱讚不可思議功德一切諸佛所護念經。』」

「舍利弗！西方世界，有無量壽佛、無量相佛、無量幢佛、大光佛、大明佛、寶相佛、淨光佛，如是等恆河沙數諸佛，各於其國，出廣長舌相，遍覆三千大千世界，說誠實言：『汝等眾生，當信是稱讚不可思議功德一切諸佛所護念經。』」

「舍利弗！北方世界，有焰肩佛、最勝音佛、難沮佛、日生佛、網明佛，如是等恆河沙數諸佛，各於其國，出廣長舌相，遍覆三千大千世界，說誠實言：『汝等眾生，當信是稱讚不可思議功德一切諸佛所護念經。』」

「舍利弗！下方世界，有師子佛、名聞佛、名光佛、達摩佛、法幢佛、持法佛，如是等恆河沙數諸佛，各於其國，出廣長舌相，遍覆三千大千世界，說誠實言：

『汝等眾生，當信是稱讚不可思議功德一切諸佛所護念經。』」

「舍利弗！上方世界，有梵音佛、宿王佛、香上佛、香光佛、大焰肩佛、雜色寶華嚴身佛、娑羅樹王佛、寶華德佛、見一切義佛、如須彌山佛，如是等恆河沙數諸佛，各於其國，出廣長舌相，遍覆三千大千世界，說誠實言：『汝等眾生，當信是稱讚不可思議功德一切諸佛所護念經。』」

【玄奘譯本】：

「又，舍利子！如我今者，稱揚讚歎無量壽佛無量無邊不可思議佛土功德；如是東方亦有現在不動如來、山幢如來、大山如來、山光如來、妙幢如來，如是等佛如殑伽沙住在東方，自佛淨土各各示現廣長舌相遍覆三千大千世界周匝圍繞，說誠諦言：『汝等有情皆應信受如是稱讚不可思議佛土功德一切諸佛攝受法門。』

「又，舍利子！如是南方亦有現在日月光如來、名稱光如來、大光蘊如來、迷盧光如來、無邊精進如來，如是等佛如殑伽沙住在南方，自佛淨土各各示現廣長舌相遍覆三千大千世界周匝圍繞，說誠諦言：『汝等有情皆應信受如是稱讚不可思議佛土功德一切諸佛攝受法門。』

「又，舍利子！如是西方亦有現在無量壽如來、無量蘊如來、無量光如來、無量幢如來、大自在如來、大光如來、光焰如來、大寶幢如來、放光如來，如是等佛如殑伽沙住在西方，自佛淨土各各示現廣長舌相遍覆三千大千世界周匝圍繞，說誠諦言：『汝等有情皆應信受如是稱讚不可思議佛土功德一切諸佛攝受法門。』」

「又，舍利子！如是北方亦有現在無量光嚴通達覺慧如來、無量天鼓震大妙音如來、大蘊如來、光網如來、娑羅帝王如來，如是等佛如殑伽沙住在北方，自佛淨土各各示現廣長舌相遍覆三千大千世界周匝圍繞，說誠諦言：『汝等有情皆應信受如是稱讚不可思議佛土功德一切諸佛攝受法門。』」

「又，舍利子！如是下方亦有現在示現一切妙法正理常放火王勝德光明如來、師子如來、名稱如來、譽光如來、正法如來、妙法如來、法幢如來、功德友如來、功德號如來，如是等佛如殑伽沙住在下方，自佛淨土各各示現廣長舌相遍覆三千大千世界周匝圍繞，說誠諦言：『汝等有情皆應信受如是稱讚不可思議佛土功德一切諸佛攝受法門。』」

「又，舍利子！如是上方亦有現在梵音如來、宿王如來、香光如來、如紅蓮華勝德如來、示現一切義利如來，如是等佛如殑伽沙住在上方，自佛淨土各各示現廣長舌相遍覆三千大千世界周匝圍繞，說誠諦言：『汝等有

情皆應信受如是稱讚不可思議佛土功德一切諸佛攝受法門。』

「又，舍利子！如是東南方亦有現在最上廣大雲雷音王如來，如是等佛如殑伽沙住東南方，自佛淨土各各示現廣長舌相遍覆三千大千世界周匝圍繞，說誠諦言：『汝等有情皆應信受如是稱讚不可思議佛土功德一切諸佛攝受法門。』

「又，舍利子！如是西南方亦有現在最上日光名稱功德如來，如是等佛如殑伽沙住西南方，自佛淨土各各示現廣長舌相遍覆三千大千世界周匝圍繞，說誠諦言：『汝等有情皆應信受如是稱讚不可思議佛土功德一切諸佛攝受法門。』

「又，舍利子！如是西北方亦有現在無量功德火王光明如來，如是等佛如殑伽沙住西北方，自佛淨土各各示現廣長舌相遍覆三千大千世界周匝圍繞，說誠諦言：『汝等有情皆應信受如是稱讚不可思議佛土功德一切諸佛攝受法門。』

「又，舍利子！如是東北方亦有現在無數百千俱胝廣慧如來，如是等佛如殑伽沙住東北方，自佛淨土各各示現廣長舌相遍覆三千大千世界周匝圍繞，說誠諦言：『汝等有情皆應信受如是稱讚不可思議佛土功德一切諸佛攝受法門。』

【他力信心解讀】：

「又，舍利弗！如我今者，稱揚讚歎阿彌陀佛無量無邊不可思議佛土功德；如是現在東方亦有阿　佛、須彌相佛、大須彌佛、須彌光佛、妙音佛，如是等恆河沙數諸佛，自佛淨土各各示現廣長舌相遍覆三千大千世界，說誠實言：『汝等眾生，皆應信受如是稱讚不可思議佛土功德一切諸佛攝受法門。』」

「又，舍利弗！如是現在南方亦有日月燈佛、名聞光佛、大焰肩佛、須彌燈佛、無量精進佛，如是等恆河沙數諸佛，自佛淨土各各示現廣長舌相遍覆三千大千世界，說誠實言：『汝等眾生，皆應信受如是稱讚不可思議佛土功德一切諸佛攝受法門。』」

「又，舍利弗！如是現在西方亦有無量壽佛、無量相佛、無量幢佛、大光佛、大明佛、寶相佛、淨光佛，如是等恆河沙數諸佛，自佛淨土各各示現廣長舌相遍覆三千大千世界，說誠實言：『汝等眾生，皆應信受如是稱讚不可思議佛土功德一切諸佛攝受法門。』」

「又，舍利弗！如是現在北方亦有焰肩佛、最勝音佛、難沮佛、日生佛、網明佛，如是等恆河沙數諸佛，自佛淨土各各示現廣長舌相遍覆三千大千世界，說誠實言：『汝等眾生，皆應信受如是稱讚不可思議佛土功德一切諸佛攝受法門。』」

「又，舍利弗！如是現在下方亦有師子佛、名聞佛、名光佛、達摩佛、法幢佛、持法佛，如是等恆河沙數諸佛，自佛淨土各各示現廣長舌相遍覆三千大千世界，說誠實言：『汝等眾生，皆應信受如是稱讚不可思議佛土功德一切諸佛攝受法門。』」

「又，舍利弗！如是現在上方亦有梵音佛、宿王佛、香上佛、香光佛、大焰肩佛、雜色寶華嚴身佛、娑羅樹王佛、寶華德佛、見一切義佛、如須彌山佛，如是等恆河沙數諸佛，自佛淨土各各示現廣長舌相遍覆三千大千世界，說誠實言：『汝等眾生，皆應信受如是稱讚不可思議佛土功德一切諸佛攝受法門。』」

以上釋尊引用一切諸佛證誠（鳩摩羅什譯本引用東、南、西、北、上、下等六方諸佛來代表一切諸佛；玄奘譯本則引用東、南、西、北、上、下、東南、西南、東北、西北等十方諸佛來代表一切諸佛），目的在使疑深的我們生信，獲得他力信心。

經文中說恆河沙數諸佛「各示現廣長舌相遍覆三千大千世界」，這是一切諸佛證誠的方式。《彌陀要解》云：「虛空（東、南、西、北、上、下、東南、西南、東北、西北等十方）不可盡，世界亦不可盡。世界不可盡，住世諸佛亦不可盡。略舉恆河沙耳。此等諸佛，各出廣長舌勸信此經。而眾生猶不生信，頑冥極矣。」釋尊不但親自加以證誠，甚至恆河沙數諸佛也同樣亦各自慎重地加以證誠，

所以含有絕對不要懷疑阿彌陀佛之本願他力的意思。可是「眾生猶不生信，頑冥極矣」，那是很可憐的事！

為甚麼「眾生猶不生信」呢？親鸞聖人於《教行信證》中清楚地告訴我們說：「凡大小聖人，一切善人，以本願嘉號為己善根，故不能生信，不了佛智。」所謂「凡大小聖人」，就是自認自己是個了不起者的人；所謂「一切善人」，就是自認自己是個好人的人；所謂「本願嘉號」，就是稱名念佛；所謂「為己善根」，就是把念佛當作依靠自力；所謂「不了佛智」，就是不能領受阿彌陀佛所賜的他力信心，不能信心決定。簡單來說，因為我們把念佛當作依靠自力，所以才不能信心決定。

另外，在以上數段經文中，釋尊一再重複稱讚宣揚給眾生聽聞：「汝等眾生，皆應信受如是稱讚不可思議佛土功德一切諸佛攝受法門。」所以說阿彌陀佛極樂世界之不可思議、阿彌陀佛名號之不可思議、以及阿彌陀佛他力信心之不可思議，是諸佛所稱讚，這就是阿彌陀佛極樂世界、阿彌陀佛名號、以及阿彌陀佛他力信心之所以是絕對唯一的道理。

「舍利弗！於汝意云何？何故名為一切諸佛所護念經？」

【玄奘譯本】：

「又，舍利子！何緣此經名為「稱讚不可思議佛土功德一切諸佛攝受法門」？舍利子！由此經中稱揚讚歎無量壽佛極樂世界不可思議佛土功德，及十方面諸佛世尊為欲方便利益安樂諸有情故，各住本土現大神變說誠諦言，勸諸有情信受此法，是故此經名為「稱讚不可思議佛土功德一切諸佛攝受法門」。

【他力信心解讀】：

「又，舍利弗！何故名此經為『稱讚不可思議佛土功德一切諸佛攝受法門』？舍利弗！由此經中稱揚讚歎阿彌陀佛極樂世界不可思議佛土功德，及十方面諸佛世尊為欲方便利益安樂諸有情故，各住本土現大神變說誠實言，勸諸眾生信受此法，是故此經名為『稱讚不可思議佛土功德一切諸佛攝受法門』。」

釋尊苦口婆心，隨即又問舍利弗：「何故名此經為『稱讚不可思議佛土功德一切諸佛攝受法門』？」其意思是重新將「稱讚不可思議佛土功德一切諸佛攝受法門」作出複習與整理，並補充說明「絕對不要懷疑阿彌陀佛之本願他力」！

阿彌陀佛極樂世界之不可思議、阿彌陀佛名號之不可思議、以及阿彌陀佛他力信心之不可思議，不但釋尊親自

於此經中加以證誠;甚至十方諸佛也同樣「為欲方便利益安樂諸有情故,各住本土現大神變說誠實言,勸諸眾生信受此法」,十方諸佛也各自慎重地加以證誠。釋尊既一而再、再而三地重覆「稱讚不可思議佛土功德(他力念佛解脫之道)」乃是「一切諸佛攝受(絕對不要懷疑阿彌陀佛之本願他力)」,可見從佛陀時代開始,這「執著於己意之自力念佛」及「自力作善者,缺乏他力唯賴之信心,並非彌陀本願」現象已經成為了許多弟子修行彌陀法門的迷執了!

真正的「稱讚不可思議佛土功德一切諸佛攝受法門」是丟棄錯誤的自力作善想法,因為佛土功德實在是不可思議,從此進入信心海,成為住於阿彌陀佛慈悲懷中之身,此即所謂信心決定;從此唯是為報謝佛恩而念佛,故根本不需要擔心能不能往生的問題,不害怕不能往生才能自在安心,自然能夠「既捨命已,隨佛眾會,生無量壽極樂世界清淨佛土」了!是以釋尊總結云:「是故此經名為『稱讚不可思議佛土功德一切諸佛攝受法門』。」

《彌陀要解》云:「標出經題,流通之本。什師順此方好,略譯今題,巧合持名妙行。奘師譯云《稱讚淨土佛攝受經》。」由此可見。鳩摩羅什重意譯,故譯出經題為《佛說阿彌陀經》,這是密契他力念佛,巧合持名妙行。唐玄奘法師則是直譯,參酌原來梵文「稱讚不可思議佛土功德一切諸佛攝受」,故譯出經題為《稱讚淨土佛攝受經》。兩位大師所譯,同為奇文妙思,載道傳心,俱可謂已臻化境!

「舍利弗！若有善男子、善女人，聞是經受持者，及聞諸佛名者，是諸善男子、善女人，皆為一切諸佛之所護念，皆得不退轉於阿耨多羅三藐三菩提。是故舍利弗，汝等皆當信受我語，及諸佛所說。」

「舍利弗！若有人已發願、今發願、當發願，欲生阿彌陀佛國者，是諸人等，皆得不退轉於阿耨多羅三藐三菩提，於彼國土，若已生、若今生、若當生。是故舍利弗！諸善男子、善女人，若有信者，應當發願，生彼國土。

「舍利弗！如我今者，稱讚諸佛不可思議功德，彼諸佛等，亦稱讚我不可思議功德，而作是言：『釋迦牟尼佛能為甚難希有之事，能於娑婆國土，五濁惡世，劫濁、見濁、煩惱濁、眾生濁、命濁中，得阿耨多羅三藐三菩提。為諸眾生，說是一切世間難信之法。』舍利弗！當知我於五濁惡世，行此難事，得阿耨多羅三藐三菩提，為一切世間說此難信之法，是為甚難。」

【玄奘譯本】：

「又，舍利子！若善男子或善女人，或已得聞，或當得聞，或今得聞，聞是經已，深生信解；生信解已，必為如是住十方面十殑伽沙諸佛世尊之所攝受；如說行者，一切定於阿耨多羅三藐三菩提得不退轉，一切定生無量壽佛極樂世界清淨佛土。是故，舍利子！汝等有情

一切皆應信受領解我及十方佛世尊語,當勤精進,如說修行,勿生疑慮。」

「又,舍利子!若善男子或善女人,於無量壽極樂世界清淨佛土功德莊嚴,若已發願,若當發願,若今發願,必為如是住十方面十殑伽沙諸佛世尊之所攝受;如說行者,一切定於阿耨多羅三藐三菩提得不退轉,一切定生無量壽佛極樂世界清淨佛土。是故,舍利子!若有淨信諸善男子或善女人,一切皆應於無量壽極樂世界清淨佛土,深心信解,發願往生,勿行放逸。」

「又,舍利子!如我今者,稱揚讚歎無量壽佛極樂世界不可思議佛土功德;彼十方面諸佛世尊,亦稱讚我不可思議無邊功德,皆作是言:『甚奇希有!釋迦寂靜釋迦法王如來、應、正等覺、明行圓滿、善逝、世間解、無上丈夫、調御士、天人師、佛世尊,乃能於是堪忍世界五濁惡時,所謂:劫濁、諸有情濁、諸煩惱濁、見濁、命濁,於中證得阿耨多羅三藐三菩提,為欲方便利益安樂諸有情故,說是世間極難信法。』是故,舍利子!當知我今於此雜染堪忍世界五濁惡時,證得阿耨多羅三藐三菩提,為欲方便利益安樂諸有情故,說是世間極難信法,甚為希有,不可思議。」

【他力信心解讀】：

「又，舍利弗！若善男子或善女人，或已得聞，或當得聞，或今得聞，聞是經已，深生信解；生信解已，必為如是住十方恆河沙數諸佛世尊之所攝受；如說行者，一切定於阿耨多羅三藐三菩提得不退轉，一切定生佛極樂世界清淨佛土。是故，舍利弗！汝等眾生一切皆應信受領解我及十方佛世尊語，當勤精進，如說修行，勿生疑慮。」

對於這段經文，天台宗及淨土宗之高僧源信於《阿彌陀經略記》云：「聞佛名經者有三益：一是現生為諸佛所護念；二是現生得不退轉；三是來生得大菩提。」由此可見，經文的意思是，現生得諸佛護念利益及始終不退轉利益，而未來能得成佛的利益。

「又，舍利弗！若善男子或善女人，於阿彌陀佛極樂世界清淨佛土功德莊嚴，若已發願，若當發願，若今發願，必為如是住十方恆河沙數諸佛世尊之所攝受；如說行者，一切定於阿耨多羅三藐三菩提得不退轉，一切定生阿彌陀佛極樂世界清淨佛土。是故，舍利弗！若有淨信諸善男子或善女人，一切皆應於阿彌陀佛極樂世界清淨佛土，深心信解，發願往生，勿行放逸。」

「發願」就是「欲生」，是本願他力三信之三，就是願往生淨土之心。

從他力念佛的角度來看，已發願者過去已往生阿彌陀佛極樂世界，今發願者現在今往生阿彌陀佛極樂世界，當發願者將來當往生阿彌陀佛極樂世界。總而言之，佛陀就是在重新告訴我們，只要發起一念他力信心，就必得往生！

《阿彌陀經略記》將發願解釋為隱顯二意。顯義上，發願是「欲生」，是指本願他力三信之三，就是願往生淨土之心。隱義上，發願已具足了他力三信：「至心」是本願他力三信之一，就是全無虛妄的至誠心；「信樂」是本願他力三信之二，就是無疑之信、歡喜愛樂之心，「欲生」是本願他力三信之三，就是願往生淨土之心。本願他力三信，完全是如來的真實心、智慧心、慈悲心，絕非凡夫不成之迷心。既然如此，我們凡夫之所以能夠生起「至心、信樂、欲生」之真實念佛心，唯是「改其自力之心，相信他力」，唯是阿彌陀佛所恩賜，使自己成為一個真信淨土確實存在的人，所以唯是感恩而念佛（他力念佛）。大體上，他力念佛是因為自己已、今、當被阿彌陀佛救到淨土了，《阿彌陀經略記》稱之為三往生。

「又，舍利弗！如我今者，稱揚讚歎阿彌陀佛極樂世界不可思議佛土功德；彼十方面諸佛世尊，亦稱讚我不可思議無邊功德，皆作是言：『甚奇希有！釋迦牟尼佛乃能於是堪忍世界五濁惡時，所謂：劫濁、諸有情濁、諸煩惱濁、見濁、命濁，於中證得阿耨多羅三藐三菩提，為欲方便利益安樂諸有情故，說是世間極難信法。』

是故，舍利弗！當知我今於此雜染堪忍世界五濁惡時，
證得阿耨多羅三藐三菩提，為欲方便利益安樂諸有情
故，說是世間極難信法，甚為希有，不可思議。」

舉出諸佛與釋尊互相讚歎，藉以勸信，以作為本經之結文。

《彌陀要解》云：「諸佛功德智慧，雖皆平等，而施化則有
難易。淨土成菩提易，濁世難。為淨土眾生說法易，為
濁世眾生難。為濁世眾生說漸法猶易，說頓法難。為濁
世眾生說餘頓法猶易，說淨土橫超頓法尤難。為濁世眾
生說淨土橫超頓修頓證妙觀，已自不易，說此無藉劬勞
修證，但持名號，徑登不退，奇特勝妙超出思議第一方
便，更為難中之難。故十方諸佛，無不推我釋迦偏為勇
猛也。」由此可見，此「無藉劬勞修證，但持名號，徑登
不退，奇特勝妙超出思議第一方便」阿彌陀佛他力之教，
實在是極難信之法！是故《大無量壽經》亦云：「若聞斯經，
信樂受持，難中之難，無過此難。」

流通分

佛說此經已，舍利弗，及諸比丘，一切世間天人阿修
羅等，聞佛所說，歡喜信受，作禮而去。

【玄奘譯本】：

「又，舍利子！於此雜染堪忍世界五濁惡時，若有淨信

諸善男子或善女人，聞說如是一切世間極難信法，能
生信解、受持、演說、如教修行。當知是人甚為希有，
無量佛所曾種善根。是人命終定生西方極樂世界，受
用種種功德莊嚴清淨佛土大乘法樂，日夜六時親近供
養無量壽佛，遊歷十方供養諸佛，於諸佛所聞法受記，
福慧資糧疾得圓滿，速證無上正等菩提。」

時，薄伽梵說是經已。尊者舍利子等諸大聲聞，及諸
菩薩摩訶薩眾，無量天、人、阿素洛等，一切大眾聞
佛所說皆大歡喜信受奉行。

【他力信心解讀】：

「又，舍利弗！於此雜染堪忍世界五濁惡時，若有淨信
諸善男子或善女人，聞說如是一切世間極難信法，能
生信解、受持、演說、如教修行。當知是人甚為希有，
無量佛所曾種善根。是人命終定生西方極樂世界，受
用種種功德莊嚴清淨佛土大乘法樂，日夜六時親近供
養無量壽佛，遊歷十方供養諸佛，於諸佛所聞法受記，
福慧資糧疾得圓滿，速證無上正等菩提。」

在一般經中，釋尊都會叫一位弟子，對他說要把此經付
囑與他，或者說你要好好受持令不失去。但是本經釋尊
沒有付囑與一位特定弟子，而是付囑與你和我！只要你
我「聞說如是一切世間極難信法，能生信解、受持、演
說、如教修行」，則你和我同為釋尊付囑此經的弟子！

時，薄伽梵說是經已。尊者舍利弗等諸大聲聞，及諸菩薩摩訶薩眾，無量天、人、阿修羅等，一切大眾聞佛所說皆大歡喜信受奉行。

一切大眾，聞佛所說，皆大歡喜，信受奉行，此結經常規也！凡所聞歡喜，必妙契於心，契則信之真受之切，而奉行不虛，自然能夠心心無間地密契「阿彌陀佛他力本願」，則自力諸行應予廢捨，唯有他力念佛是應取應立之行！

《佛說阿彌陀經》

《稱讚淨土佛攝受經》

終

若聞斯經，信樂受持，
難中之難，無過此難。

附錄一 《歎異鈔》（新譯）

附錄一：
《歎異鈔》(新譯)
親鸞聖人直弟子唯圓大師著

前序

竊迴愚案，粗勘古今，歎有異先師口傳真意，思後學有相續之疑惑，非有幸而依有緣知識，爭得入易行之一門哉？莫全以自見之覺語，亂他力之宗旨。乃聊註耳底所留，親鸞聖人物語之趣，偏為散同心行者之不審也。

第一段

相信依賴阿彌陀佛不可思議之本願，可得救往生，而念佛之心生起時，即己獲攝取不捨之利益。彌陀本願不擇老少善惡，唯信心為要，誓願本為罪惡深重，煩惱熾盛之眾生所立。相信本願，不須其他善行，因無可勝念佛之善故。惡亦非可懼，無可礙本願之惡故也云云。

第二段

諸位不顧身命，越十餘國境來訪，意在求聞往生極樂之道。然各位心存懷疑，思我念佛之外，別有往生之道、經典法文等，大錯也。南都北嶺，著名學者眾多，存此懷疑，即應前往拜會，詳聞往生法要。至於親鸞，唯然遵從吾師教導，相信念佛可得彌陀救度而已，別無其他秘訣。念佛誠然可為往生淨土之因，亦或可為墮落地獄之業，全然非我所知。使我被騙於法然，因念佛墮落地獄，亦更無悔。設我力修他行，原可成佛，卻因念佛墮落地獄，方有被騙可言，而我本行行難及之身，棲處地獄原是一定。彌陀本願若是真實，釋尊說教自非虛言；佛說若是真實，善導御釋不致虛言；善導御釋若是真實，法然所說焉為空言？法然所言若是真實，親鸞所申豈是虛欺？總之，愚禿之於信心，如此者也。而今而後，取念佛而信之，或捨念佛而棄之，悉聽各位尊便。

第三段

善人尚且得以往生，何況惡人。然世人常曰：「惡人尚且得以往生，何況善人。」此說似合道理，其實違背本願他力意趣。蓋自力作善者，缺乏他力唯賴之信心，並非彌陀本願。然若改其自力之心，相信他力亦得往生真實報土。我等煩惱具足，任何修行皆難脫離生死，彌陀憫而立誓，本意實為惡人成佛，是以相信他力之

惡人，方為往生正因。故曰善人尚且得以往生，何況
惡人云云。

第四段

慈悲有聖道、淨土之別。聖道之慈悲者，民胞物與也，
然能遂心救助者極為難有。淨土之慈悲者，以念佛急
速成佛，以大慈大悲之心，如願利益眾生也。於今生，
任令對人同情愛憐，奈難相助，究無慈悲可言。是以，
唯有念佛方為真正大慈大悲之心云云。

第五段

親鸞未曾一遍為孝養父母念佛。蓋一切有情盡皆生生
世世父母兄弟，須於次生成佛悉皆救度者也。念佛果
係自力之善，始得迴向救助父母。是故唯有捨棄自力，
急開淨土之悟，方可以神通方便，自四生六道中救度
沈淪任何業苦之有緣。

第六段

專修念佛之輩，竟互相爭論，云我弟子，他人弟子。
悖理也。親鸞無一弟子。人之念佛，誠我所致者，方
為弟子；人之念佛，唯佛所賜，謂我弟子，謊謬極矣。
有相隨之緣則聚，有相離之緣則散。背師而事他人念
佛者不得往生，此事不可言也。如來所賜之信心，妄

視為我有而欲討返,萬萬不可有也。若合自然理則,既知佛恩,又知師恩矣云云。

第七段

念佛者,無礙之一道也。因信心行者,天神地祇敬伏,魔界外道無可障礙。且罪惡業報亦不感,諸善不能及之,故曰無礙一道也云云。

第八段

念佛之於行者,非行非善也。非因我意而行,是為非行;非因我意而作之善,故云非善云云。

第九段

(唯圓)問師:「雖然念佛,苦無踴躍歡喜之心,又無急欲往生淨土之心,應如之何?」師曰:「親鸞亦曾有此疑問,唯圓果同心耶!細思之,有躍天之喜不喜,愈見往生一定。抑壓該喜之心,使之不喜,煩惱所為也。然佛素知之,故曰煩惱具足凡夫;可見他力悲願正為我等,應愈更覺可信。無急欲往生淨土之心,些微病勞,懼死而憂,亦係煩惱所為。久遠劫起流轉至今,苦惱之舊里難捨,未曾見之安養淨土,不興思念,誠煩惱熾盛所致。然娑婆之緣既盡,無力而終時,亦得往生彼土。又無急往之心,佛所殊憐者也。是以應知

往生已經決定，大悲大願愈可賴矣。有踴躍之喜，又欲急往生淨土者，得無煩惱，卻有不預本願之疑乎云云。

第十段

師曰：「念佛以無義為義，不可稱、不可說、不可思議故。」

第十段（下半段）

親鸞聖人在世往昔，意志相同，步行遠來京城，以同一信心，祈願當來報土之同輩，雖同時承領同一意趣，然隨眾念佛之老者不知其數。近聞其中有人傳述甚多並非聖人所教異義，特將無謂之說詳細條陳如下。

第十一段

遇有一文不通之輩念佛，驚嚇之曰：「汝信誓願不思議念佛，或信名號不思議耶？」又不為之解說二種不思議之詳細意義，而令其疑惑。此事務必留心分辨清楚。彌陀依誓願之不思議，創制易持易稱之名號，又有「迎取稱此名字者」之約束。因此，相信「任由彌陀大悲大願之不思議救度，則可出離生死」，而心想「念佛乃如來意圖」則毫無自己意謀挾雜，故亦本願相應，得以往生真實報土。既已相信此乃誓願不思議意旨，則名號不思議亦已具足，誓願、名號之不思議同一，更無所

異矣。夾雜自己意謀，以為善惡有別，助障往生，則是不信誓願不思議。居於己意之念佛，乃自力之行，實乃不信名號不思議者也。雖然不信仍能往生邊地、懈慢、疑城、胎宮等地，再依果遂之願，遂生報土，此乃名號不思議力，亦即誓願不思議，故二者一也。

第十二段

不學經釋之輩，往生不定之說，其義實不足言。開說真實他力意旨之諸多聖教均言，信本願而念佛則能成佛，其他何種學問為往生所要哉？於此理尚有疑惑之人，應多事學問以知本願旨意。讀學經釋而不知聖教本意者，最為可悲。名號乃為不知經釋梗概之人易稱，故稱易行。以學問為旨者聖道門也，是名難行。證文曰：「誤求學問，住於名聞利養之人，順次往生，實有疑問。」時下專修念佛之人與聖道門之人，迭起法論，為「我宗勝，他宗劣」而爭，法敵因之而出，誹謗隨之而生，豈非自謗也？設諸門相率揶揄「念佛乃為無能之人，其宗淺卑」，如此亦更不與爭，心平氣和答以「我等皆係下根凡夫，不通一文者，但聞：信則得救，故而信之。於上根之人此宗固卑，為我等則此法最上。縱有其他殊勝教法，奈何我等器量不及，總難實踐。人我皆離生死，方為諸佛本意，幸莫妨礙。」不慍不怒，則誰與為仇？證文曰：「諍論之處，諸煩惱興，智者遠離。」聖人亦云：「佛說此法有信之眾生，有謗之眾生。」我既信而有人謗，則知「佛說乃真」，應思「往生愈益定

矣」。若無人謗，反而應作「有人信，何無人謗」之疑。此說並非定要人謗，佛之豫示信謗，為防因謗而疑也。

今世有否其人，為學旨在問答止謗？學文在於知如來本意，知悲願廣大宗旨，遇到懷有「卑劣之身如何往生」之疑者，則應說以本願旨趣，無善惡淨穢，方合學之本義。對順應本願念佛之人而言：「為學方得往生。」使起驚慌，乃法之魔障，佛之怨敵，自己既缺他力信心，又欲迷惑他人者也。違背先師教旨，豈可無懼？宜謹慎也！

第十三段

或曰：「仗持彌陀本願，為惡不懼，是謂『本願謗』，不得往生。」此乃懷疑本願，不知善惡宿業之談。起善心乃宿業所催，為惡乃惡業所促。故聖人曰：「須知造惡小如兔毛羊、毛端上微塵，無非宿業所使。」一時師問：「唯圓信我說否？」答以：「然也！」師復問：「不違我言乎？」答以：「謹領旨。」師曰：「比如殺千人如何？殺則往生一定。」答曰：「師命難違，然以此身器量，一人難殺。」師詰曰：「前說不違親鸞之言，何耶？」繼曰：「知乎？若凡事可以任心，為往生殺千人，應殺也。奈何無殺一人業緣，欲害而不得。不殺，非因心善，無害人之心而殺百千人者有也。」師說是言，意為以心所善為善，以心所惡為惡，乃不知本願救度真意者也。前有墮落邪見者，以為「佛願在乎救度惡人」，故意造

惡，云乃往生之業。師聞狀，致書戒曰：「莫因有藥服
毒。」余意並非「惡障往生」，然若持戒持律始可信持本
願，吾等何得出離生死？雖卑賤之身，信之亦得往生，
正是本願所以可信。再者吾身所不具惡業，亦非隨意
可造也。聖人曰：「河海網釣渡世者、山野狩獵者、捕
鳥維生之輩、從商作農過日之人亦同，皆隨業緣所催
而為也。」當今之人故作善人之狀，以為善者方得念佛，
或於道場張文云：「為某某事者，不得進入。」豈非外示
賢善精進之相，內懷虛假者乎？何況仗持本願所造之
罪，亦是宿業所催故也。善惡歸之業報，唯本願是賴，
方是他力。《唯信鈔》云：「謂罪業之身難於得救者，何
期低估彌陀佛力乎！」有「唯本願是賴」之心，他力信心
方始堅定。若言惡業斷盡，方可信持本願，其人固可
無所賴於本願，然煩惱既盡則可成佛，五劫思惟之願
無意義矣。誠人莫賴本願之人，同是煩惱不淨具足者
也，可得而不賴本願乎？況何惡可信本願，何惡不得
信賴本願？何思慮之不熟哉！

第十四段

「一念可滅八十億劫重罪」，此乃十惡、五逆之罪人，
日常不事念佛，待命終之時，始從善知識之教，一念
稱名則八十億劫之罪滅，十念稱名則十倍八十億重
罪滅，得以往生之謂也。此說或為諭知十惡五逆罪之
輕重，而有所謂一念十念之事，或為示知念佛利益而
發者，並非吾等所可信也。彌陀光明所照，一念發起

之時，已獲金剛信心，攝入定聚之位，命終則諸煩惱惡障，轉悟無生法忍矣。心中應想：「若無此悲願，如此卑賤罪人，何得解脫生死？」一生之間所稱念佛，皆應視為「報謝如來大悲恩德」。若信每一念佛皆為滅罪，即是自力消罪，勵行往生。若然，一生之間，所思所念，無非皆是生死牽絆，須不退轉念佛直至命終，方得往生。然業報有限，遇不思議事死者有之，病惱苦痛，未住正念而命終者有之，皆難念佛，其間之罪，如何滅卻？罪不滅卻，不得往生乎？我等所信者，攝取不捨之願也，縱犯不思議罪，不念佛而終，亦得速遂往生。設使臨終尚能念佛，然開悟期近，自應更加相信彌陀，報謝恩德。企圖滅罪是自力之心，臨終正念，若係其人本意，是無他力信心矣。

第十五段

煩惱具足之身即可開悟，荒謬之論也。即身成佛乃真言秘教本意，三密行業之果證；六根清淨，《法華》一乘所說，四安樂之威德也。此皆難行，是上根所務，是觀念成就之覺。來生開覺，方是他力淨土宗旨，是信心決定之道。此乃易行，下根所務，不簡善惡之法。欲於今生斷盡煩惱惡障，事屬極難，修真言、《法華》之淨侶，尚且所求在乎次生開覺，何況我等戒行慧解均無者乎？我等所能，唯彌陀願船是乘，渡生死苦海，到達報土彼岸。當煩惱黑雲晴霽，速顯法性覺月，盡十方無礙光明普照，利一切眾生之時，即得開悟。

以現身開覺之人，便如釋尊，示現種種應化身，具足三十二相、八十隨形好，說法利益眾生，如此方是今生開覺之本。〈和讚〉曰：「待得金剛信心堅固時，為彌陀心光所攝護，永遠超隔生死海。」信心堅定時，一經攝取不捨，不於六道輪迴，永離生死。既知如此，何須更言開悟，徒增紛擾哉？聖人曰：「淨土真宗，今生信本願，待於彼土開悟，是我所習。」

第十六段

信心行者，若自然生怒，或犯惡事，遇同朋同侶，而生口論，必須迴心懺悔云云者，蓋斷惡修善之意乎？」一向專修之人，唯有一度迴心。平日不知本願他力之人，因彌陀賜以智慧，覺知「平日之心不得往生」，乃翻本心相信本願，是為迴心。若言一切事必須朝夕迴心，方得果遂往生，然人之命終，不待呼吸之間，設若不及迴心，未住柔和忍辱之前，命已盡，攝取不捨誓願豈非虛有？口云相信願力，心思解救惡人誓願不可思議，卻因善人得救之念繞心，始終懷疑本願，缺乏他力信心，終致受生邊地，殊屬可歎。信心一經決定，一切依賴彌陀安排，無須自己操心。如有惡行，愈應仰賴願力，柔和忍辱之心自然順理而生。往生無須賢巧，萬事彌陀是賴。常念佛恩深重，念佛心口自開，無心自然，方是他力。謂自然另有別義之說，可悲也。

第十七段

果遂往生邊地之人,終必墮落地獄,此說有何證文根據?經、論、聖教,食古不化,書生之見可嘆。欠缺信心行者,因疑本願,受生邊地,補償疑罪後,仍得於報土開覺。我所學者如此。信心行者少,故勸生化土者多。謂之虛者,誣如來為虛妄矣。

第十八段

成佛有大小,依所捐佛寺財物大小而定。虛妄之言也。佛無大小可定,安養淨土教主有身量大小云者,就方便法身而言也。法性開悟,無長短方圓,離青黃赤白之色,何可丈量大小?念佛見化佛,大念見大佛,小念見小佛。前理或許由此行生,或言檀波羅蜜布施之行也。佛前師宿,供施寶物雖多,如無信心,全無意義。無一紙半錢捐獻佛寺,全心信仰他力,信心既深,即合佛之本意矣。蓋因世間欲心,假藉佛事,恫嚇同朋之詞也。

後序

前列各項,皆因信心相異所致,據親鸞聖人云:法然上人在世之時,弟子頗多,其中信心與聖人相同者且甚少,聖人、同朋之間,有所爭論。某日聖人云:「善信信心與上人信心一也。」誓觀、念佛等同朋,不以為

然，詰問道：「上人信心豈可一於善信信心？」聖人答曰：「上人智慧，才氣高超，善信與比固為狂妄，唯往生信心，全不相異，唯一也。」同朋責曰：「豈有此義？」爭議未果，乃請示上人，稟以詳情，裁定誰是誰非。法然上人曰：「源空信心，如來所賜，善信信心，亦如來所賜，故是一也。別具信心之人，將往之淨土，恐非源空將往之淨土。」時下一向專修之眾，頗多所持信心與聖人信心相異。姑記贅言，聊表愚見。人命如露，我老矣，身如枯草。每承相伴諸眾垂詢疑問，向據聖人旨趣疑惑，我死之後，難免眾說紛紜，屆時宜多研讀聖人愛用經典。經典之中，真實權假相雜。捨權取實，除假用真，方合聖人本意，切莫錯解聖教。謹擇少數重要證文添附本書，以供參考。聖人常述懷曰：「細案彌陀五劫思惟，專為親鸞一人解救業繫之身，本願誠然可貴。」今案善導之言：「須知自身罪惡生死凡夫，曠劫以來，經常沈沒流轉，永無出離緣。」與聖人金言，了不相違。聖人不惜獻其一生，曉諭我等迷惘，不知罪惡深重，如來恩高。而眾人竟然爭論善惡不休，如來恩德置若罔聞。聖人曰：「我於善惡二者，全然不知。蓋知徹如來心之所善，始能知善，知徹如來心之所惡，方知何謂之惡。煩惱具足凡夫，火宅無常世界，萬事皆屬空言，虛假而無真實，唯有念佛是真。」眾人皆為空言爭論，其中一事尤其可悲。與人爭辯念佛信心，不許他人分辯，又為取勝，竟以聖人之所未述，偽稱聖人之言，卑鄙可嘆，應當深加反省。本篇所記，

皆非杜撰，然我於經釋未知梗概，且於法文不知深淺，荒謬之處，在所難免。謹就聖人旨意，憶記片段，未及百分之一。有幸念佛，而不能直往報土，須暫宿邊地，甚為可悲。泣淚染筆而書，唯祈一室行者信心無異，名之曰《歎異鈔》。幸勿見外。

奧書（跋）

在斯聖教者為當流大事，於無宿善機、無左右不可許之者也。釋蓮如御判。

附錄二 《歎異鈔》（舊譯）

附錄二：
《歎異鈔》(舊譯)
親鸞聖人直弟子唯圓大師著

竊迴愚案，粗勘古今，歎異先師口傳之真信，恐有後學相續之疑惑，幸不依有緣知識者，爭得入易行一門哉？全以自見之覺語，莫亂他力之宗旨。仍故親鸞聖人御物語之趣，所留耳底，聊註之，偏為散同心行者之不審也。

第一條

若能信彌陀不可思議誓願之悲救，必遂往生，而發心欲念佛之時，即蒙(彌陀)攝取不捨之利益。

須知彌陀本願，不擇老少善惡，唯要信心。所以者何？彌陀願救，全對罪惡深重，煩惱熾盛眾生之故，為信本願，更不要他善，未有善能勝念佛之善；惡亦不要怕，未有惡能妨礙不思議之本願故云云。

第二條

各位過十餘國之境，不顧身命來京尋問之志，蓋乎為往生極樂之道。而各自設想親鸞念佛以外，別有往生之道或法文等，則認錯也。然者，南都北嶺，或有達斯道之學者，猶可往詣而得其綱要。但親鸞心裏只存恩師法然上人所教之法，信彌陀本願而預救度以外，別無子細也。

其實念佛是淨土之因，或是墮地獄之業，余總不知，譬如受法然上人之騙，念佛而墮地獄，豈有後悔乎！若仗自力修餘行而能成佛之人，為念佛而墮地獄者，乃真實受騙而當後悔。然親鸞何行亦行不到之儕，地獄是一定之家鄉者乎！

若彌陀本願是真實，則善導之釋無虛；若善導之釋無虛，法然上人之言豈有虛；若法然上人之言無虛，則親鸞之言無虛歟！

總之，愚禿之信心如是。欲取信念佛預救度，或棄之別求，任各自決云。

第三條

善人猶可往生，何況惡人。

然世人常謂：惡人猶可往生，何況善人。此言似理而非，實違背本願他力之意趣。所以者何？自力行善之人，缺於專靠他力，故不合彌陀之本願；若翻自力之志，轉靠他力，則往生真實報土無謬矣。

彌陀為憫念煩惱具足之眾生，所行都不能出離生死，而發願之本意是在於惡人成佛，故靠他力之惡人，完全是往生之正因。是故謂「善人猶可往生，何況惡人」云。

第四條

慈悲有聖道、淨土之別。聖道之慈悲者，憫念培養也。然能如意救度者甚難。淨土之慈悲者，以念佛而速證佛果，隨心隨意利益眾生之謂也。

今生如何憫念眾生，亦如所知，甚難救度。此慈悲無有始終。如是故，念佛之一道，正真實徹頭徹尾之大慈悲心也云。

第五條

親鸞為父母未曾念佛一遍，以一切有情皆世世生生之父母兄弟故，須順次生，成佛而救度之。

若我自行之善，始可以念佛迴向而救度父母，然念佛非我自行之善故，須拋去妄計，速證佛果，雖在六道四生之間，沈溺何種業苦，以神通方便，始得度有緣云。

第六條

專修念佛之輩爭論，人之弟子，我之弟子等，實為意外也。親鸞曾無一個弟子，以我計使人念佛者，應可為我弟子，而不然，還是預彌陀之計而念佛，謂我之弟子者，荒唐之極也。

有緣即伴，無緣即離，如是離師念佛不得往生之說，真屬無稽之談。從如來所賜之信心，妄認為我作之物，顛倒無識也。若適自然之理，亦知佛恩，又知師恩云。

第七條

念佛者，無礙之一道也。信心之行者，天地神祇亦敬伏，魔界外道亦不能障礙，罪惡業報亦不能感，諸善亦不及故云。

第八條

念佛在行者，非行非善。非我計之行故非行，非我計之善故非善。專靠他力，離自力故，非行非善云。

第九條

有一時問師：吾雖念佛，也不生踴躍歡喜之心，對往生淨土，亦不生憧憬之念，如何？

師云：親鸞在此亦不審。唯圓！我亦與汝同感。深深思來，應生踴躍之心而歡喜，然還不生歡喜故，須知往生一定也。當然要歡喜之時不生歡喜，即是煩惱之所為也。然如來洞察煩惱具足之凡夫而發誓願救故，他力之悲願可靠可依愈明矣。無憧憬往生淨土之心，或遇患病怖死，亦是煩惱之所為。自久遠以來，流轉苦惱之舊里，實難捨離，至今未曾一次往生之安養淨土，亦不容易使我等生戀慕之心。如是我等，煩惱熾盛，但娑婆之緣一盡，無奈往生冥土之身，又且無憧憬生於極樂之心，故如來殊為憐憫，而發誓願救者也。

能如是思惟，自明大悲大願，可靠可依，往生一定。有歡喜之心，更有憧憬生淨土之念，如無煩惱故，卻有不預本願之虞矣云。

第十條

念佛者，以無義為義，不可稱不可說不可思議故云。

別敍

親鸞聖人在世之時，同抱志望之眾，遙遠來京，但為信願，當生報土者，皆承師意。後來隨眾念佛之老者不知其數，其中近來發生非聖人所教之異義，紛紛相傳，不勝歎息也，故茲列舉異義非理之處如次：

第十一條

遇一文不通之輩念佛，詰問汝信誓願不思議而念佛耶？或信名號不思議而念佛耶？疑惑他人，而不開解二種不思議之明細，此條不可等閑也。

彌陀為易於保持誓願不思議故，案出易唱之名號，而迎接稱此名號之人者。信彌陀大悲大願之不思議，得救能出離生死而念佛，亦是如來之計，能如是思惟者，絕不夾雜自計故，與本願相應，往生報土必定也。此雖信誓願不思議為旨，而必具名號不思議故，誓願名號不思議，兩者非別也。又介自力之計，分善惡做往生之資障者，是人不靠誓願不思議，徒造往生之業因，尚且以如來所賜之念佛，妄作我行，是人不但不靠誓願不思議，亦不識名號矣。雖此猶可往生邊地、懈慢、

疑城、胎宮，預果遂之願故，終亦往生真實報土。此全為名號不思議之力故，兩者非二明矣。

第十二條

不學經釋之輩往生不定之說。此條不足取也。

開示他力真實種種之聖教，除信本願念佛以外，何種學問是往生之必要學問耶？若不知此，須當學問本願之旨也。而雖學過經釋，不知聖教之本意者，所謂可憐憫也。為一文不通，不識經釋之人易稱之名號故，正為易行。以為學問為旨者即聖道門，此名難行。有證文云，淨土門中，認學問而得救者，或為名聞利養者，往生報土恐怕無有由。

當時專修念佛之人與聖道門之人，敵對爭論，自是非他，所以引起法敵及謗法，此非自謗耶？譬喻舉諸門非難念佛之法，是但為無能下愚之方便，其宗旨甚淺賤，如此也不要與之爭論。自念我雖下根一文不通之人，但預彌陀之悲願而信行者，必定往生。於上根之人，雖是淺賤之法，於我則無上妙法。餘行教法雖殊勝，而我器重狹隘不堪。但人與我，皆要出離生死，此正是諸佛金剛之本意，汝我不可相妨也。如是不惡而言者，誰人與汝為仇敵耶？

且爭論能起種種煩惱，智者之所遠離。此亦有證文，親鸞聖人有言：釋尊說或有眾生信此法，或有眾生謗此法。如是我今已信，又有人謗之，始知佛說無虛，以是往生之事一定益明矣。若無謗之人則疑佛說，何故有信之人而無謗之人乎哉？如是非謂無謗之人不可，但佛悉知悉見，有信有謗故，謂不可以受謗而疑誤教旨耳。

今世之人，全以學問，設避非謗，偏為問答上作工夫，甚不合理也。若有學問，則愈深知如來之本意，又知悲願廣知之旨，對自卑身賤而怖不能得救往生淨土之人，教其信彌陀本願，不簡善惡淨穢之別，始謂真實學問也。然卻對一向念佛與本願相應之人，言無學問，不生實益等，惑使寒心者，實為法之魔障，佛之怨敵也。不但自己缺他力之信心，自誤誤人，違背先師之意趣，尚且漏失彌陀之本願矣。

第十三條

為信彌陀之本願不思議而不怕惡者，即過靠本願故不得往生之說。此條疑誤本願，又不知善惡是宿業之所使也。發善心亦是宿業之所使，作惡事亦是惡業之所然故。親鸞聖人有言：「須知如積於兔毛、羊毛之尖端許微塵之罪，不成作宿業。」有一時聖人問我言：「唯圓！汝信我語乎？」我答言：「然，我信師父之語。」師又問：「然者絕無違我語乎？」我言：「絕無違我師也。」

師言：「我又誠問汝：汝不殺千個人乎？然者必定往生淨土。」我言：「雖我師之意，如我器量，不但殺千人，一人亦殺不得也。」師言：「然汝先何故言無違我語乎？」時我辭窮，不知何答。師又言：「如是，汝須當知，凡事如意能作者，何故令汝殺千人，而汝卻一人也殺不得乎？若無殺業能殺者，無有是處也。然不殺亦非汝心之善，或無殺心有時亦敢殺千人也不知。」

我師如是之說，但為誠我等不可對善而作我善，對惡而作我惡，作狹劣見解而失落本願不思議之救故也。聖人在世之時，聞有落邪見之人主唱，為救惡人之本願故，須要作惡，而為往生之正因，等風說之故。聖人言：「雖有治毒良藥，亦不可飲毒，而後待良藥也。」如是之教，但為破偏執邪見，絕非言罪業是往生之障礙，又非言不止惡不得救之意趣也。

若信受持戒律止惡修善，始預本願之悲救者，如我儕不能受持戒律，何能出離生死乎？如我儕罪惡深重之凡夫，應本願故，始能得救者。如是思惟，心身安穩，才可靠本願也。若無惡業緣，假如欲作亦不能作。聖人有言：在於河海引網垂釣為渡世者，在於山野驅獸捕鳥為生計者，作農作商者，都是宿業之所使。若有業緣來催，何種可怖之事亦敢去作。所以當今之人，粧善假美，模糊念佛行者皆是善人，往往書禁制貼於道場，表似賢善精進之聖者，其內心皆包藏虛假不實之偽善者哉！

過靠本願所造罪業，亦為宿業之所使。是故善惡之事，須棄之任業報去差使，而專靠不思議本願，正是真實合佛意，合他力之旨趣。聖人之信友，聖覺上人所撰之《唯信鈔》中，又有言：「設使自己之罪業深重，作不預救度而解者，蓋疑彌陀本願之力量哉！」切實而言，若無過靠本願之心，豈有決定他力之信心乎？凡斷惡業之後，始肯信本願者，卻似無過靠本願之說，然煩惱若斷絕，即是佛。既已是佛，彌陀為佛思惟五劫之本願，卻成無意義也。

在於教人言不可過靠本願之人而作惡之時，亦同具足煩惱不淨之業，現有作惡，豈不是過靠本願乎哉？思惟到此，究竟何種是非過靠，何種是過靠，甚難識別也。是故過靠不得救之說，似是而非也。

第十四條

信念一聲滅八十億劫重罪之事。此條對十惡五逆之人謂，日常不念佛至命終遇善知識之教，念一聲可以滅八十億劫之罪，念十聲滅十倍八十億劫之重罪而得往生。此說蓋憑經文哉！經文雖有開示念佛之內德，具有滅罪利益之旨，實非開示念佛十聲比較念一聲加有十倍之功德，亦非勉勵念更多數更好之意。信自己念一聲一聲之念佛，能得滅罪之人，皆屬自力之計，誠未達他力之趣也。

何者？彌陀之光明，照護一念發起之時，行者即得金剛之信心故。已攝定聚之位，命終之時，預彌陀迎接報土，轉種種之煩惱惡障而悟無生。若無如來之悲願，罪業深重之人，安得解脫生死之曠野哉？如是思惟，一生之間，所念之佛，須要當作報謝如來大悲之恩德。若念作滅罪之計，即自己先盡滅罪業之後，始肯往生之自力計也。然此生之間，所想之事，無不是生死之業種，若不盡生念佛而盡滅罪業者，豈能往生哉？但繫縛眾生，若業來催，或遭不思議之爭，或遇病惱苦痛所迫之故，不能住於正念念佛之間所積之罪，如何得滅而能往生乎？若靠攝取不捨之本願者，無論為何種不思議而滅罪業，雖不遑念佛而終，亦速得往生也。

又命終之時，愈力念佛者，不是失見平生之信心，只因證悟之時機迫近故。自然生出真切之心，愈仰彌陀之悲救與報謝之故也。若以自力念佛之功德而滅罪之人，言臨終須要一心不亂，此雖祈念的人本來之意圖，其實缺於他力信心之說也。

第十五條

煩惱具足之凡夫既已證果之事。此條甚怪。

即身成佛者，真言秘密之本意，三密行業之證果也。六根清淨亦是《法華》一乘之所說，四安樂行之感德。此皆難行上根之務，觀念成就之證果也。

來生開覺者，他力淨土之宗旨，信心決定之道故。此
易行下根之務，不簡善惡之法也。凡於今生欲斷煩惱
惡障，是極難之事。尚且行真言、《法華》之僧侶，亦
期順次世證果。而雖戒行慧解具不足之凡夫，但得乘
彌陀之願船，則能度生死苦海。一到報土，黑雲煩惱
便得霽晴，法性覺月即得現前，與十方無礙光明為一
味，而利益一切眾生，始可謂真悟真證也。以現身證
果者，如釋尊種種現應化之身，具三十二相、八十種
好，說法度生。若如此，即真實今生證果也。聖人有
讚曰：

> 待得信心如金剛，彌陀心光永攝護，
> 既攝不捨超輪迴，然乎實證悟無生。

若知此意，錯信即身成佛之說，豈非可憐乎？親鸞聖
人言：「法上人曾言：淨土真宗者，於今生信本願，而
於淨土證悟之謂也。」

第十六條

信心行者，為業所推，或犯貪瞋，遇同朋同侶，或與
之口論，須必迴心懺悔之說。蓋斷惡修善之意乎！

信彌陀之本願，一向念佛之人，一生迴心懺悔，只有
一次耳。一生一次之懺悔者，從來不知真宗全靠他力
而預救度為旨之力，得預彌陀之慧光，始覺日常自力
之計，是錯往生而挽迴本心，乘他力本願，此謂真迴

心也。謂一切之事,無懺悔則不遂往生者,人壽在呼吸之間,亦不知終日,未曾迴心亦未住於柔和忍辱之時,忽告逝去者,彌陀之攝取不捨之誓願,豈不成空華哉?

口頭雖言靠本願之力,心內卻疑救度惡人之本願,還想作善得救,疑本願不思議,離如來計度,是人設使往生,亦生於方便化土,不勝痛惜也。

若真信心,則認往生是如來之計,非我計者,雖臨不善愈仰念佛力,自然能得放下一切,亦生柔和忍辱之心。對凡事不須要巧利,一向仰慕彌陀之鴻恩,然者亦能念佛,此自然之理也。無我計故謂自然,則是他力。除此以外,別無自然之理,妄示無識、痛難之至也。

第十七條

往生邊地化土之人,終必墮於地獄之說。此條見於何種之證文哉?如何看經論正教而妄說到此。承師父所教者,缺信心行者,為疑本願故,生於邊地化土,待償其疑罪盡,而後便證報土。

而信心行者少故,生於化土者多矣。化土元是彌陀悲救之方便,終必墮於地獄者,即謗經也。

第十八條

於佛法，以供養施物之多少證果之時，或成大佛，或成小佛之說。此條不足取也。佛之身量大小，實不可說。而安養淨土教主之身量者，是方便報身之形相。此身則法性法身，非長短方圓，非青黃赤白，離一切相故，何以制限其大小之量乎？

《大集日藏經》云：大聲念佛觀大佛，小聲念佛觀小佛。此是自力行者，於凝心觀想所得之化佛，非分別救度眾生往生淨土之佛身有大小也。此條但附會經論，妄說以施物多少，而分別佛之身量有大小耳。

且言檀波羅蜜行，假令以何種寶物供養於佛或師長，若缺信心，竟無所詮也。雖無一紙半錢施物供養，只有依他力之甚深信心，則合如來之本願，無所不足也。

總結

右列舉自第十一條至第十八條，皆是誤根本上信心之義哉。親鸞聖人御物語云：法然上人在世之時，學徒雖多，安住同一信心者少。所以親鸞聖人與其同朋，亦曾諍論信心。因親鸞聖人言「善信之信心，與法然聖人之信心同一」為發端，誓觀、念佛等，以為不遜之語，而反駁故。聖人又言：「我若言恩師法然聖人之智慧才覺，與弟子善信同一者，真是不遜之語，而預救往生

之信心，豈有異耶？」遂於法然上人之前仰判是非。時法然上人言：「此源空之信心是如來所賜之信心，善信之信心亦是如來所賜之信心，如是故全然同一也。異我信心之人，則不能往生如與源空將往生之淨土。」

如是看御物語，當時一向念佛之眾中，亦有與親鸞聖人之信心不同之人，思之可歎也。

上來所述，悉是痴言。露命枯草旦夕不知之身，至今伴侶若有不審者，則如聖人所教旨趣傳授，而閉眼之後，蓋亂乎如絲，故不顧愚昧作之。若我滅後，有提如上異義疑惑者，依聖教之旨覽之即幸矣。凡聖教有實有權，欲學聖教之時，須去權就實，此合親鸞聖人之本意故，必不可濫也。所以聊拔聖教之證文為實義之準繩，且為此書之附錄。

親鸞聖人平生之持言云：「彌陀如來以五劫之久遠，深思所誓之本願，深深想來，單單為救度我親鸞一人，單單為救度業重罪深之我一人而發，此悲恩愈想愈慶幸也。」

如是述懷，今日尚在唯圓之腦裏，此善導大師所言「須知自身現時，是造惡業積生死之凡夫，又自久遠劫來，常沈迷界，無由出離生死之身」之金言，全同其意，此皆聖人以身作則之教誨也。欲叫醒不識自身之罪業，

又不知如來之悲願，迷迷汎汎之我儕之誠實言也。然我儕不顧如來之悲恩，都以善惡作巧計。聖人有言：「我對善惡全然不識之愚人也，若非如來之真實知者，豈可謂知乎？」

千言萬語，我儕依然是煩惱凡夫。如火宅之無常世界，一切總是如露如幻，無一物真實，其中唯有佛所賜之念佛，才是真實也。思來雖是自己他人之語，皆屬空幻之事，而其中唯一可歎之事不可不言。

此者在念佛之時互相問答信心，或又與他人言談之時，欲說伏諍論，不許對方說出一句，而妄造聖言，實為可歎，不可忽視也。

述來之事，雖非我獨斷之語，不識經釋亦不識法文之淺深亦不得其要故，必有漏處。然但思惟親鸞聖人之教誨之萬一許書之。

有幸念佛，非一路往生真實報土，而滯留於邊地化土者，真真可憐也。唯念同於念佛法室之同朋中，萬不可墮於異種之信心，愈泣愈染筆書此一書也。欲名《歎異鈔》，冀斷不可供覽於理解淺薄之人也。

奧書（跋）

右斯聖教者，為當流大事聖教也。於無宿善機、無左
右不可許之者也。釋蓮如御判。

附錄三 《佛說阿彌陀經》

附錄三：
《佛說阿彌陀經》
姚秦三藏法師鳩摩羅什譯

如是我聞。

一時佛在舍衛國，祇樹給孤獨園。與大比丘僧，千二百五十人俱，皆是大阿羅漢，眾所知識：長老舍利弗、摩訶目犍連、摩訶迦葉、摩訶迦旃延、摩訶俱絺羅、離婆多、周利槃陀伽、難陀、阿難陀、羅侯羅、憍梵波提、賓頭盧頗羅墮、迦留陀夷、摩訶劫賓那、薄拘羅、阿那樓馱，如是等諸大弟子。

並諸菩薩摩訶薩：文殊師利法王子、阿逸多菩薩、乾陀訶提菩薩、常精進菩薩，與如是等諸大菩薩。

及釋提桓因等，無量諸天大眾俱。

爾時，佛告長老舍利弗：「從是西方，過十萬億佛土，有世界名曰極樂，其土有佛，號阿彌陀，今現在說法。」

「舍利弗！彼土何故名為極樂？其國眾生，無有眾苦，但受諸樂，故名極樂。」

「又舍利弗！極樂國土，七重欄楯，七重羅網，七重行樹，皆是四寶周匝圍繞，是故彼國名為極樂。」

「又舍利弗！極樂國土，有七寶池，八功德水，充滿其中，池底純以金沙布地。四邊階道，金、銀、琉璃、玻璃合成。上有樓閣，亦以金、銀、琉璃、玻璃、硨磲、赤珠、瑪瑙而嚴飾之。池中蓮花大如車輪，青色青光、黃色黃光、赤色赤光、白色白光，微妙香潔。」

「舍利弗！極樂國土，成就如是功德莊嚴。」

「又舍利弗！彼佛國土，常作天樂。黃金為地。晝夜六時，雨天曼陀羅華。其土眾生，常以清旦，各以衣裓盛眾妙華，供養他方十萬億佛，即以食時，還到本國，飯食經行。」

「舍利弗！極樂國土，成就如是功德莊嚴。」

「復次舍利弗！彼國常有種種奇妙雜色之鳥：白鶴、孔雀、鸚鵡、舍利、迦陵頻伽、共命之鳥。是諸眾鳥，晝夜六時，出和雅音。其音演暢五根、五力、七菩提分、八聖道分，如是等法。其土眾生，聞是音已，皆悉念佛、念法、念僧。」

「舍利弗！汝勿謂此鳥，實是罪報所生，所以者何？彼佛國土，無三惡道。」

「舍利弗！其佛國土，尚無惡道之名，何況有實。是諸眾鳥，皆是阿彌陀佛，欲令法音宣流，變化所作。」

「舍利弗！彼佛國土，微風吹動諸寶行樹，及寶羅網，出微妙音，譬如百千種樂，同時俱作。聞是音者，自然皆生念佛、念法、念僧之心。」

「舍利弗！其佛國土，成就如是功德莊嚴。」

「舍利弗！於汝意云何？彼佛何故號阿彌陀？」

「舍利弗！彼佛光明無量，照十方國，無所障礙，是故號為阿彌陀。」

「又舍利弗！彼佛壽命，及其人民，無量無邊阿僧祇劫，故名阿彌陀。」

「舍利弗！阿彌陀佛成佛已來，於今十劫。」

「又舍利弗！彼佛有無量無邊聲聞弟子，皆阿羅漢，非是算數之所能知。諸菩薩眾，亦復如是。」

「舍利弗！彼佛國土，成就如是功德莊嚴。」

「又舍利弗！極樂國土，眾生生者，皆是阿鞞跋致，其

中多有一生補處，其數甚多，非是算數所能知之，但可以無量無邊阿僧祇說。」

「舍利弗！眾生聞者，應當發願，願生彼國，所以者何？得與如是諸上善人俱會一處。」

「舍利弗！不可以少善根福德因緣，得生彼國。」

「舍利弗！若有善男子善女人，聞說阿彌陀佛，執持名號，若一日、若二日，若三日，若四日，若五日，若六日，若七日，一心不亂，其人臨命終時，阿彌陀佛，與諸聖眾，現在其前。是人終時，心不顛倒，即得往生阿彌陀佛極樂國土。」

「舍利弗！我見是利，故說此言。若有眾生，聞是說者，應當發願，生彼國土。」

「舍利弗！如我今者，讚歎阿彌陀佛，不可思議功德之利。東方亦有阿　鞞佛、須彌相佛、大須彌佛、須彌光佛、妙音佛，如是等恆河沙數諸佛，各於其國，出廣長舌相，遍覆三千大千世界，說誠實言：『汝等眾生，當信是稱讚不可思議功德一切諸佛所護念經。』」

「舍利弗！南方世界，有日月燈佛、名聞光佛、大焰肩佛、須彌燈佛、無量精進佛，如是等恆河沙數諸佛，各於其國，出廣長舌相，遍覆三千大千世界，說誠實

言：『汝等眾生，當信是稱讚不可思議功德一切諸佛所護念經。』」

「舍利弗！西方世界，有無量壽佛、無量相佛、無量幢佛、大光佛、大明佛、寶相佛、淨光佛，如是等恆河沙數諸佛，各於其國，出廣長舌相，遍覆三千大千世界，說誠實言：『汝等眾生，當信是稱讚不可思議功德一切諸佛所護念經。』」

「舍利弗！北方世界，有焰肩佛、最勝音佛、難沮佛、日生佛、網明佛，如是等恆河沙數諸佛，各於其國，出廣長舌相，遍覆三千大千世界，說誠實言：『汝等眾生，當信是稱讚不可思議功德一切諸佛所護念經。』」

「舍利弗！下方世界，有師子佛、名聞佛、名光佛、達摩佛、法幢佛、持法佛，如是等恆河沙數諸佛，各於其國，出廣長舌相，遍覆三千大千世界，說誠實言：『汝等眾生，當信是稱讚不可思議功德一切諸佛所護念經。』」

「舍利弗！上方世界，有梵音佛、宿王佛、香上佛、香光佛、大焰肩佛、雜色寶華嚴身佛、娑羅樹王佛、寶華德佛、見一切義佛、如須彌山佛，如是等恆河沙數諸佛，各於其國，出廣長舌相，遍覆三千大千世界，說誠實言：『汝等眾生，當信是稱讚不可思議功德一切諸佛所護念經。』」

「舍利弗！於汝意云何？何故名為一切諸佛所護念經？」

「舍利弗！若有善男子、善女人，聞是經受持者，及聞諸佛名者，是諸善男子、善女人，皆為一切諸佛之所護念，皆得不退轉於阿耨多羅三藐三菩提。是故舍利弗，汝等皆當信受我語，及諸佛所說。」

「舍利弗！若有人已發願、今發願、當發願，欲生阿彌陀佛國者，是諸人等，皆得不退轉於阿耨多羅三藐三菩提，於彼國土，若已生、若今生、若當生。是故舍利弗！諸善男子、善女人，若有信者，應當發願，生彼國土。

「舍利弗！如我今者，稱讚諸佛不可思議功德，彼諸佛等，亦稱讚我不可思議功德，而作是言：『釋迦牟尼佛能為甚難希有之事，能於娑婆國土，五濁惡世，劫濁、見濁、煩惱濁、眾生濁、命濁中，得阿耨多羅三藐三菩提。為諸眾生，說是一切世間難信之法。』舍利弗！當知我於五濁惡世，行此難事，得阿耨多羅三藐三菩提，為一切世間說此難信之法，是為甚難。」

佛說此經已，舍利弗，及諸比丘，一切世間天人阿修羅等，聞佛所說，歡喜信受，作禮而去。

《佛說阿彌陀經》終

附錄四 《稱讚淨土佛攝受經》

附錄四：
《稱讚淨土佛攝受經》
唐三藏法師玄奘奉詔譯

如是我聞：

一時，薄伽梵在室羅筏住誓多林給孤獨園，與大苾芻眾千二百五十人俱，一切皆是尊宿聲聞眾望所識大阿羅漢，其名曰：尊者舍利子、摩訶目犍連、摩訶迦葉、阿泥律陀，如是等諸大聲聞而為上首。復與無量菩薩摩訶薩俱，一切皆住不退轉位，無量功德眾所莊嚴，其名曰：妙吉祥菩薩、無能勝菩薩、常精進菩薩、不休息菩薩，如是等諸大菩薩而為上首。復有帝釋、大梵天王、堪忍界主、護世四王，如是上首百千俱胝那庾多數諸天子眾，及餘世間無量天、人、阿素洛等，為聞法故，俱來會坐。

爾時，世尊告舍利子：「汝今知不？於是西方，去此世界過百千俱胝那庾多佛土，有佛世界名曰極樂。其中世尊名無量壽及無量光，如來、應、正等覺十號圓滿，今現在彼安隱住持，為諸有情宣說甚深微妙之法，令得殊勝利益安樂。

「又，舍利子！何因何緣，彼佛世界名為極樂？舍利子！由彼界中諸有情類，無有一切身心憂苦，唯有無量清淨喜樂，是故名為極樂世界。

「又，舍利子！極樂世界淨佛土中，處處皆有七重行列妙寶欄楯、七重行列寶多羅樹，及有七重妙寶羅網，周匝圍繞，四寶莊嚴－金寶、銀寶、吠琉璃寶、頗胝迦寶，妙飾間綺。舍利子！彼佛土中有如是等眾妙綺飾，功德莊嚴甚可愛樂，是故名為極樂世界。

「又，舍利子！極樂世界淨佛土中，處處皆有七妙寶池，八功德水彌滿其中。何等名為八功德水？一者澄淨，二者清冷，三者甘美，四者輕軟，五者潤澤，六者安和，七者飲時除飢渴等無量過患，八者飲已定能長養諸根四大；增益種種殊勝善根，多福眾生常樂受用。是諸寶池底布金沙，四面周匝有四階道，四寶莊嚴甚可愛樂。諸池周匝有妙寶樹，間飾行列香氣芬馥，七寶莊嚴甚可愛樂。言七寶者，一金、二銀、三吠琉璃、四頗胝迦、五赤真珠、六阿濕摩揭拉婆寶、七牟娑落揭拉婆寶。是諸池中常有種種雜色蓮華，量如車輪，青形青顯青光青影，黃形黃顯黃光黃影，赤形赤顯赤光赤影，白形白顯白光白影，四形四顯四光四影。舍利子！彼佛土中有如是等眾妙綺飾，功德莊嚴甚可愛樂，是故名為極樂世界。

「又，舍利子！極樂世界淨佛土中，自然常有無量無邊眾妙伎樂，音曲和雅甚可愛樂。諸有情類聞斯妙音，諸惡煩惱悉皆消滅，無量善法漸次增長，速證無上正等菩提。舍利子！彼佛土中有如是等眾妙綺飾，功德莊嚴甚可愛樂，是故名為極樂世界。

「又，舍利子！極樂世界淨佛土中，周遍大地真金合成，其觸柔軟，香潔光明，無量無邊妙寶間飾。舍利子！彼佛土中有如是等眾妙綺飾，功德莊嚴甚可愛樂，是故名為極樂世界。

「又，舍利子！極樂世界淨佛土中，晝夜六時常雨種種上妙天華，光澤香潔，細軟雜色，雖令見者身心適悅而不貪著，增長有情無量無數不可思議殊勝功德。彼有情類，晝夜六時常持供養無量壽佛；每晨朝時，持此天華，於一食頃，飛至他方無量世界，供養百千俱胝諸佛，於諸佛所各以百千俱胝樹花持散供養，還至本處遊天住等。舍利子！彼佛土中有如是等眾妙綺飾，功德莊嚴甚可愛樂，是故名為極樂世界。

「又，舍利子！極樂世界淨佛土中，常有種種奇妙可愛雜色眾鳥，所謂：鵝鴈、鶖鷺、鴻鶴、孔雀、鸚鵡、羯羅頻迦、命命鳥等。如是眾鳥，晝夜六時恆共集會，出和雅聲，隨其類音宣揚妙法，所謂：甚深念住、正斷、神足、根、力、覺、道支等無量妙法。彼土眾生聞是聲已，各得念佛、念法、念僧無量功德熏修其身。

汝舍利子,於意云何?彼土眾鳥豈是傍生惡趣攝耶?勿作是見。所以者何?彼佛淨土無三惡道,尚不聞有三惡趣名,何況有實罪業所招傍生!眾鳥當知皆是無量壽佛變化所作,令其宣暢無量法音,作諸有情利益安樂。舍利子!彼佛土中有如是等眾妙綺飾,功德莊嚴甚可愛樂,是故名為極樂世界。

「又,舍利子!極樂世界淨佛土中,常有妙風吹諸寶樹及寶羅網出微妙音。譬如百千俱胝天樂同時俱作,出微妙聲甚可愛玩;如是彼土常有妙風吹眾寶樹及寶羅網,擊出種種微妙音聲說種種法。彼土眾生聞是聲已,起佛、法、僧念作意等無量功德。舍利子!彼佛土中有如是等眾妙綺飾,功德莊嚴甚可愛樂,是故名為極樂世界。

「又,舍利子!極樂世界淨佛土中,有如是等無量無邊不可思議甚希有事。假使經於百千俱胝那庾多劫,以其無量百千俱胝那庾多舌,一一舌上出無量聲讚其功德亦不能盡,是故名為極樂世界。

「又,舍利子!極樂世界淨佛土中,佛有何緣名無量壽?舍利子!由彼如來及諸有情,壽命無量無數大劫;由是緣故,彼土如來名無量壽。舍利子!無量壽佛證得阿耨多羅三藐三菩提已來經十大劫。舍利子!何緣彼佛名無量光?舍利子!由彼如來恆放無量無邊妙光,遍照一切十方佛土,施作佛事無有障礙;由是緣故,

彼土如來名無量光。舍利子！彼佛淨土成就如是功德
莊嚴甚可愛樂，是故名為極樂世界。

「又，舍利子！極樂世界淨佛土中，無量壽佛常有無量
聲聞弟子，一切皆是大阿羅漢，具足種種微妙功德，
其量無邊不可稱數。舍利子！彼佛淨土成就如是功德
莊嚴甚可愛樂，是故名為極樂世界。

「又，舍利子！極樂世界淨佛土中，無量壽佛常有無量
菩薩弟子，一切皆是一生所繫，具足種種微妙功德，
其量無邊不可稱數，假使經於無數量劫讚其功德終不
能盡。舍利子！彼佛土中成就如是功德莊嚴甚可愛樂，
是故名為極樂世界。

「又，舍利子！若諸有情生彼土者皆不退轉，必不復墮
諸險惡趣、邊地下賤蔑戾車中，常遊諸佛清淨國土，
殊勝行願念念增進，決定當證阿耨多羅三藐三菩提。
舍利子！彼佛土中成就如是功德莊嚴甚可愛樂，是故
名為極樂世界。

「又，舍利子！若諸有情聞彼西方無量壽佛清淨佛土無
量功德眾所莊嚴，皆應發願生彼佛土。所以者何？若
生彼土，得與如是無量功德眾所莊嚴諸大士等同一集
會，受用如是無量功德眾所莊嚴清淨佛土，大乘法樂
常無退轉，無量行願念念增進，速證無上正等菩提。
故，舍利子！生彼佛土諸有情類成就無量無邊功德，

非少善根諸有情類當得往生無量壽佛極樂世界清淨佛土。

「又，舍利子！若有淨信諸善男子或善女人，得聞如是無量壽佛無量無邊不可思議功德名號、極樂世界功德莊嚴，聞已思惟，若一日夜，或二、或三、或四、或五、或六、或七，繫念不亂。是善男子或善女人臨命終時，無量壽佛與其無量聲聞弟子、菩薩眾俱前後圍繞，來住其前，慈悲加祐，令心不亂；既捨命已，隨佛眾會，生無量壽極樂世界清淨佛土。

「又，舍利子！我觀如是利益安樂大事因緣，說誠諦語。若有淨信諸善男子或善女人，得聞如是無量壽佛不可思議功德名號、極樂世界淨佛土者，一切皆應信受發願，如說修行，生彼佛土。

「又，舍利子！如我今者，稱揚讚歎無量壽佛無量無邊不可思議佛土功德；如是東方亦有現在不動如來、山幢如來、大山如來、山光如來、妙幢如來，如是等佛如殑伽沙住在東方，自佛淨土各各示現廣長舌相遍覆三千大千世界周匝圍繞，說誠諦言：『汝等有情皆應信受如是稱讚不可思議佛土功德一切諸佛攝受法門。』

「又，舍利子！如是南方亦有現在日月光如來、名稱光如來、大光蘊如來、迷盧光如來、無邊精進如來，如是等佛如殑伽沙住在南方，自佛淨土各各示現廣長舌相遍覆三千大千世界周匝圍繞，說誠諦言：『汝等有情

皆應信受如是稱讚不可思議佛土功德一切諸佛攝受法門。』

「又，舍利子！如是西方亦有現在無量壽如來、無量蘊如來、無量光如來、無量幢如來、大自在如來、大光如來、光焰如來、大寶幢如來、放光如來，如是等佛如殑伽沙住在西方，自佛淨土各各示現廣長舌相遍覆三千大千世界周匝圍繞，說誠諦言：『汝等有情皆應信受如是稱讚不可思議佛土功德一切諸佛攝受法門。』

「又，舍利子！如是北方亦有現在無量光嚴通達覺慧如來、無量天鼓震大妙音如來、大蘊如來、光網如來、娑羅帝王如來，如是等佛如殑伽沙住在北方，自佛淨土各各示現廣長舌相遍覆三千大千世界周匝圍繞，說誠諦言：『汝等有情皆應信受如是稱讚不可思議佛土功德一切諸佛攝受法門。』

「又，舍利子！如是下方亦有現在示現一切妙法正理常放火王勝德光明如來、師子如來、名稱如來、譽光如來、正法如來、妙法如來、法幢如來、功德友如來、功德號如來，如是等佛如殑伽沙住在下方，自佛淨土各各示現廣長舌相遍覆三千大千世界周匝圍繞，說誠諦言：『汝等有情皆應信受如是稱讚不可思議佛土功德一切諸佛攝受法門。』

「又，舍利子！如是上方亦有現在梵音如來、宿王如來、香光如來、如紅蓮華勝德如來、示現一切義利如來，如是等佛如殑伽沙住在上方，自佛淨土各各示現廣長舌相遍覆三千大千世界周匝圍繞，說誠諦言：『汝等有情皆應信受如是稱讚不可思議佛土功德一切諸佛攝受法門。』」

「又，舍利子！如是東南方亦有現在最上廣大雲雷音王如來，如是等佛如殑伽沙住東南方，自佛淨土各各示現廣長舌相遍覆三千大千世界周匝圍繞，說誠諦言：『汝等有情皆應信受如是稱讚不可思議佛土功德一切諸佛攝受法門。』」

「又，舍利子！如是西南方亦有現在最上日光名稱功德如來，如是等佛如殑伽沙住西南方，自佛淨土各各示現廣長舌相遍覆三千大千世界周匝圍繞，說誠諦言：『汝等有情皆應信受如是稱讚不可思議佛土功德一切諸佛攝受法門。』」

「又，舍利子！如是西北方亦有現在無量功德火王光明如來，如是等佛如殑伽沙住西北方，自佛淨土各各示現廣長舌相遍覆三千大千世界周匝圍繞，說誠諦言：『汝等有情皆應信受如是稱讚不可思議佛土功德一切諸佛攝受法門。』」

「又，舍利子！如是東北方亦有現在無數百千俱胝廣慧如來，如是等佛如殑伽沙住東北方，自佛淨土各各示現廣長舌相遍覆三千大千世界周匝圍繞，說誠諦言：『汝等有情皆應信受如是稱讚不可思議佛土功德一切諸佛攝受法門。』

「又，舍利子！何緣此經名為「稱讚不可思議佛土功德一切諸佛攝受法門」？舍利子！由此經中稱揚讚歎無量壽佛極樂世界不可思議佛土功德，及十方面諸佛世尊為欲方便利益安樂諸有情故，各住本土現大神變說誠諦言，勸諸有情信受此法，是故此經名為「稱讚不可思議佛土功德一切諸佛攝受法門」。

「又，舍利子！若善男子或善女人，或已得聞，或當得聞，或今得聞，聞是經已，深生信解；生信解已，必為如是住十方面十殑伽沙諸佛世尊之所攝受；如說行者，一切定於阿耨多羅三藐三菩提得不退轉，一切定生無量壽佛極樂世界清淨佛土。是故，舍利子！汝等有情一切皆應信受領解我及十方佛世尊語，當勤精進，如說修行，勿生疑慮。

「又，舍利子！若善男子或善女人，於無量壽極樂世界清淨佛土功德莊嚴，若已發願，若當發願，若今發願，必為如是住十方面十殑伽沙諸佛世尊之所攝受；如說行者，一切定於阿耨多羅三藐三菩提得不退轉，一切定生無量壽佛極樂世界清淨佛土。是故，舍利子！若

有淨信諸善男子或善女人，一切皆應於無量壽極樂世界清淨佛土，深心信解，發願往生，勿行放逸。

「又，舍利子！如我今者，稱揚讚歎無量壽佛極樂世界不可思議佛土功德；彼十方面諸佛世尊，亦稱讚我不可思議無邊功德，皆作是言：『甚奇希有！釋迦寂靜釋迦法王如來、應、正等覺、明行圓滿、善逝、世間解、無上丈夫、調御士、天人師、佛世尊，乃能於是堪忍世界五濁惡時，所謂：劫濁、諸有情濁、諸煩惱濁、見濁、命濁，於中證得阿耨多羅三藐三菩提，為欲方便利益安樂諸有情故，說是世間極難信法。』是故，舍利子！當知我今於此雜染堪忍世界五濁惡時，證得阿耨多羅三藐三菩提，為欲方便利益安樂諸有情故，說是世間極難信法，甚為希有，不可思議。

「又，舍利子！於此雜染堪忍世界五濁惡時，若有淨信諸善男子或善女人，聞說如是一切世間極難信法，能生信解、受持、演說、如教修行。當知是人甚為希有，無量佛所曾種善根。是人命終定生西方極樂世界，受用種種功德莊嚴清淨佛土大乘法樂，日夜六時親近供養無量壽佛，遊歷十方供養諸佛，於諸佛所聞法受記，福慧資糧疾得圓滿，速證無上正等菩提。」

時，薄伽梵說是經已。尊者舍利子等諸大聲聞，及諸菩薩摩訶薩眾，無量天、人、阿素洛等，一切大眾聞佛所說皆大歡喜信受奉行。

《稱讚淨土佛攝受經》終

跋

我們絕不可能在自力念佛的情況下，擁有幸福與滿足之生活，以及往生極樂淨土。因為一般自力念佛者認為，我們凡夫是為了往生淨土而念佛；我們凡夫必須念佛才可往生，這樣念佛便成為了達到某種目標的手段，即往生是死後的事，念佛的利益是來世的，更遑論甚麼今世的幸福與滿足之生活了。相反，對於已獲得了阿彌陀佛所賜之他力信心的他力念佛者而言，念佛絕不是為了達到某種目標的手段，而是結果，因為當我們想要念佛的時候，我們就已經得救了！所以，佛陀在這個最後的說法中，開示已得一天或三、五、七天繫念不亂的他力念佛者說：「是善男子或善女人臨命終時，無量壽佛與其無量聲聞弟子、菩薩眾俱前後圍繞，來住其前，慈悲加祐，令心不亂；既捨命已，隨佛眾會，生無量壽極樂世界清淨佛土。」換句話說，已得一天或三、五、七天繫念不亂，信心歡喜之他力念佛者，其實即時已得到阿彌陀佛的拯救了！當信心歡喜之時就能往生，故知不是死了才往生極樂，而是生平之時就能更生為大安心、大滿足之心。故親鸞聖人也說：「當我們想要念佛這一瞬間，我們就已得到攝取不捨的利益。興起念佛之心時，我們已經得救了。」是得到了阿彌陀佛的拯救，所以感恩，故知他力念佛是一種感恩的念佛；他力念佛不是「請祢（阿彌陀佛）救我」，而是「感謝祢（阿彌陀佛）救我」。所以，他力念佛是一種結果，能讓我們隨時都以最大的平安及深深

的歡喜來迎接死亡，因為有一個不可思議的極樂世界在等著我們。對於他力念佛，我們要有絕對的信心！

請大家仔細想想看，過去無量劫中，我們都經歷了無量生死。但是每一次都為欲而死，為怒而死，為愚癡丟掉生命，從來「缺乏他力唯賴之信心」，因此在長時間不斷遭受痛苦，沒有安寧的一天。這次難得遇上他力念佛法門，便該好好「至心信樂，欲生我國（彌陀淨土）」。僅只信心歡喜一念、即能被救而得大安心、大滿足的永遠的絕對幸福。因為光明無量、壽命無量的阿彌陀佛，成佛以來已經十劫，在這悠久無疆的十劫裡，阿彌陀佛常以憐愍眾生的心，迫切地等待一切眾生往生。

智理文化系列

彌陀的呼喚

作者
覺慧居士

編輯
中華智慧管理學會

美術統籌
莫道文

美術設計
曾慶文

出版者
資本文化有限公司
地址：香港中環康樂廣場1號怡和大廈24樓2418室
電話：(852) 28507799
電郵：info@capital-culture.com
網址：www.capital-culture.com

承印者
資本財經印刷有限公司

出版日期
二〇一七年七月第一次印刷